망우리
사잇길에서

김영식 지음

경계를 넘나들고
허무는 경계를

망우리 사잇길에서

파이돈

여는 말

망우역사문화공원(이하 '망우리공원', '망우리')은 우리 근대사의 거대한 야외박물관이다. 1933년에 열고 1973년에 닫은 망우리공동묘지 40년간은 한반도 역사상 가장 격동적인 시기다. 애석한 조선말과 치욕의 일제시대, 해방 후 좌우 분열과 건국, 그리고 한국전쟁과 그 폐허를 딛고 일어선 경제성장 초기의 역사가 비석에 새겨져 있다.

    이는 객관적인 수치를 통해서도 증명된다. 《신동아》 1970년 1월호 〈한국근대인물 100인선〉에는, 망우리의 문일평, 방정환, 안창호(비석과 허묘), 오긍선, 오세창, 유관순(이태원무연분묘합장묘), 장덕수, 지석영, 한용운, 허위(13도창의군탑) 등 무려 10인(10%)의 이름이 올라가 있다.

독립운동의 측면에서 보면, 우선 3·1운동 33인 가운데 3명(9%)이 있다. 불교의 한용운, 천도교의 오세창, 기독교의 박희도 등 종교별로 대표적 인물 한 명씩이다. 또한, 독립지사 최고의 훈장 대한민국장의 서훈자는 모두 33명인데, 쑨원과 장제스 등 독립운동을 지원한 중국인 5명을 제외하면 한국인은 28명이다. 망우리에서는 왕산 허위(13도창의군탑), 도산 안창호, 만해 한용운, 유관순 등 4명(14%)의 거룩한 삶을 되돌아볼 수 있다.

한편 역사적으로 최초의 타이틀이 붙은 사람이 많다. 지석영은 최초의 서양의학 도입자이며 국립의대의 초대 교장, 오긍선은 세브란스의전 최초의 한국인 교장이며 최초의 고아원 설립자, 소설가 김말봉은 여성 최초의 예술원회원 및 기독교 장로, 야구선수 이영민(비석)은 한국인 최초로 동대문구장에서 홈런을 친 원조 홈런타자, 화가 이인성은 26세 때 최연소 국전(선전) 심사위원이었다. 화가 이중섭은 누구나 인정하는 국민화가이고, 조각가 권진규는 우리나라 근대 조각의 선구자로 떠올랐다. 그 밖에도 많은 선구자가 이곳에 모여 있다. 선진 대한민국의 씨앗과 뿌리가 된 선구자들의 이야기가 망우리에 펼쳐져 있는 것이다.

그리고 서양의 묘지와 달리, 이곳의 묘지는 우리만의 전통적인 장사문화의 모습을 간직하며 풍광 좋은 자연 속에 존재한다. 도시의 속된 일상을 벗어난 사색과 치유의 시공간이며 체험 교육의 현장이다. 이러한 인문학적 가치와 차별성은 세계적인 문화유산으로서의 미래를 꿈꾸게 한다.

망우리와 처음 인연을 맺은 때부터 헤아리면 어느덧 40년이 넘었고 본격적인 조사를 시작한 지 20년이 넘었다. 2008년 〈망우리별곡〉이라는 타이틀로 《신동아》에 연재하고 2009년 출간한 망우리 최초의 책 『그와 나 사이를 걷다』는 새 인물을 추가하며 2023년 7월 개정 4판으로 완결했지만, 인물 중심의 열전이라 못다 한 이야기가 많았다.

거의 매일 생각을 거듭하고 공원을 수시로 돌아다녔다. 계속 글을 쓰면서 망우리와 공원의 역사를 더욱 깊고 넓게 알게 되었고 가치와 의미도 새로 깨달았다. 그리고 현장 답사 안내 및 대중 강의, 프로그램사업과 학술용역을 진행하는 가운데 많은 사람을 만났고 많은 일을 겪었다. 이러한 이야기를 중랑신문에 2021년부터 2022년까지 2년 동안 매달 2회 〈망우리 이야기〉라는 제목으로 연재했다.

    이제 다시 글을 추리고 고치고 다듬어 독자들에게 전해 드린다. 우리는 조만간 망우리 사잇길에서 만나게 될 것이다. '사잇길'은 2016년 망우리공원에 조성된 인문학길의 명칭이다. 삶과 죽음의 사이, 어제와 오늘의 사이, 그와 나 사이를 걸어가는 길이다.

2023년 깊은 가을

김영식

목차

여는 말 4

1부.

사잇길에서 돌아본 역사

1.	해돋이의 명소, 다시 떠오른 아침 해	14
2.	살기 좋은 동네, 과학으로 증명된 전설	21
3.	중랑천 설화의 비밀, 변중량	25
4.	호랑이가 나타났던 망우리와 아차산	34
5.	백사 이항복의 동강정사	39
6.	중랑구의 애국지사 6인을 찾다	48
7.	차라리 죽으러 망우리 가요	54

8.	'미와 경부', 미와 와사부로는 누구인가	62
9.	조선의 소녀들	73
10.	누가 소파 방정환의 묘를 디자인했을까	78
11.	은파리, 다시 날아오르다	85

2부.
사잇길에서 얻은 깨달음

1.	다시 찾은 '망우'의 참뜻	98
2.	낙이망우, 즐김으로써 근심을 잊다	103
3.	일본의 묘지 참배 문화	108
4.	현충원과 망우리공원의 차이	113
5.	3·1운동의 성지, 망우리공원	118
6.	한글의 선구자들이 모여 있다	128

7.	망우리 언덕에 십자가가 많은 이유	134
8.	동학농민운동과 3·1운동을 되새기며	138
9.	한국 근대 서예의 박물관	143
10.	한국근대문학관 설립의 꿈	148
11.	도산 선생 곁으로 모인 사람들	154
12.	누가 고인에게 돌을 던질 수 있겠는가	159
13.	뉴트로의 중심, 망우리	164

3부.

사잇길에서 만난 사람들

1.	망우리와 첫 인연을 맺다	172
2.	상봉동 대학생의 일기	177
3.	책이 세상에 나오기까지	183

4.	그 남자가 바람피우는 장소	191
5.	한국내셔널트러스트 망우리위원회	195
6.	세계 최초의 묘역퀴즈행사, 도전! 러닝맨	201
7.	쓰러진 비석을 바로 세우다	205
8.	망우리를 찾아온 선배들	212
9.	망우리에서 만난 서립규 선생	217
10.	박인환 시인의 아들, 박세형 시인	222
11.	박인환 시인이 받은 편지	227
12.	백 년 만에 찾은 유관순 열사의 묘	233
13.	망우리 체험으로 명문대 합격하다	238
14.	영원한 기억 봉사단	243

닫는 말 망우리에서 시(詩)와 시(時)를 읽다 248

1부

사잇길에서
돌아본 역사

1. 해돋이의 명소, 다시 떠오른 아침 해

옛날에는 용마산, 망우산이 모두 아차산에 속했다. 내가 어릴 때만 해도 망우산이라는 이름은 들어보지 못했다. 옛날의 신문기사를 검색해 봐도 1980년대부터 간간이 '망우산'이 나타나기 시작하고, 구리시 토박이들은 지금도 망우산을 아차산 혹은 애끼산이라고 부른다.

아차산의 가장 높은 봉우리가 용마봉이었다. 아래에 마장이 있어, 뛰어나게 훌륭한 말이라는 뜻의 용마(龍馬)라는 명칭이 붙었다. 동구릉의 하나인 효명세자(익종·문조, 1809~1830)의 수릉(綏陵)이 경희대 뒤쪽의 천장산에서 1846년(헌종13) 용마봉 아래로 옮겨진 후에 용마산으로 격상되었다. 수릉이 용마봉 아래 어디였는지는 현재 전혀 흔적을 찾을 수 없다. 수릉은 다시 1855년 동구릉 내 건원릉 왼쪽으로 옮겨졌고 훗날 조대비로 불린 부인 신정왕후 조 씨(1808~1890)가 합장되었다.

아차산은 아단성(阿旦城)이라는 이름으로 사료에 처음 나온다. 광대토대왕비(414)에 아단성이라 나오고 『삼국사기』(1145) 「백제본기」에는 286년 백제 책계왕 즉위 원년에 고구려의 침입을 염려하여 아단성을 수리했다고 나온다. 동시에 아차성(阿且城)도 나오는데 학계는 일반적으로 같은 것으로 본다.

고구려의 온달장군(?~590)은 아단성에서 전사했다. 『삼국사기』 열전 온달 편에 다음과 같이 적혀 있다.

마침내 출전한 온달은 아단성 아래에서 신라군과 싸웠는데, 날아오는 화살에 맞아 쓰러져 죽었다. 온달의 장례를 치르려고 관을 옮기려고 했지만, 관이

꿈쩍도 하지 않았다. 부인 평강공주가 찾아와서 관을 어루만지며, "죽음과 삶이 이미 결정되었으니, 아아! 이제 돌아가시지요"라고 말하자 드디어 관이 움직였다.

단(旦)은 땅(一)에서 해(日)가 떠오르는 모양이고 아(阿)는 언덕이다. 해 뜨는 언덕, 산이다. 전략적 요충지인 한강과 아단산을 차례로 차지했던 백제, 고구려, 신라는 산의 정상에서 떠오르는 해를 바라보며 나라의 만세를 기원했을 것이다. 용마산 정상이나 망우산의 전망대에서 한강을 내려다보면 과연 그렇다는 생각이 절로 든다.

아단산은 다시 조선과 관계를 맺게 된다. 태조 이성계는 조선을 국호로 정하여 단군 조선은 고(古)조선이 되었다. 또한, 조선(朝鮮)의 조(朝)는 이른 아침을 말하고 선(鮮)은 『시경(詩經)』에서 작은 산이나 언덕으로 풀이된다고 하니, '찬란한 아침 해가 뜨는 나라'라고 풀이할 수 있다. 그리고 조(朝)의 유의어가 단(旦)이므로 조선은 아단산과 의미가 상통한다. 태조는 자신의 묏자리가 있는 이곳을 나라의 근본으로 삼았다.

그런데 태조가 왕에 오른 후에 새로 지은 이름이 이단(李旦)이었다. 이게 문제가 되었다. 어느 지명이건 왕의 신성한 이름자를 피해야 한다. 피휘(避諱)라고 한다. 묏자리로 정한 건원릉이 바로 아단산 자락이 아닌가. 산 이름의 단(旦)을 피해 차(且)를 취했지만, 혼동과 오기를 피할 수 없었다. 아예 모양이 분명히 다른 아차산(峨嵯山)으로 바꾼 것으로 보인다. 그래서인지 '峨嵯山'은 『조선왕조실록』 1404년(태종4) '조운흘(趙云仡)의 졸기(卒記)'에 처음 등장한다.

운명적으로 나라와 자신의 이름이 같은 아단산 자락에 들어온 태조는 지금도 동쪽에서 떠오르는 해를 바라보게 되었으니 건원릉은 최적의 길지, 명당이 아닐 수 없다.

한강과 아차산 지역을 차지한 나라는 모두 최고의 융성기를 맞이했고, 신라는 한반도의 통일까지 이루었다. 조선에서도 이곳은 건국의 설화를 낳으며 오백

년 역사를 함께했다. 도성을 둘러싼 내사산의 바깥 편에 크게 수도를 둘러싼 외사산의 좌청룡 자리에서 역사를 품어 왔다. 그래서 나는 2016년 조성한 망우리 사잇길 '구리(한강)전망대'의 안내판 맨 위에 '역사의 전망대'라고 덧붙였다.

조선이 망하자 아차산의 해는 저물었다. 아차산을 등진 망우리면은 1914년 구리면 속으로 들어가 망우리가 되며 역사성이 격하되었고, 이어서 1933년 공동묘지의 조성으로 빛을 완전히 잃었다. 1973년의 공동묘지 폐장 후에도 20세기 말까지 어둠의 그림자가 드리워져 있었다.

그러나 금세기에 들어와서 망우리공원은 대한민국의 뿌리가 된 위인들이 모여 있는 근대사의 박물관으로 떠오르기 시작했다. 근대의 새벽을 연 선구자들이 한곳에 모여 있는 것이 밝혀졌으니, 산의 정상에서 맞는 해돋이는 그 어느 곳보다 숙연하고 의미가 깊다. 망우산(아차산)은 서울의 변방이지만 정상에 올라간다면 한반도 역사의 중심에 서서 해돋이를 맞이하게 된다.

새해의 첫 번째 해를 바라보며 우리는 한 해의 결의를 다진다. 태조가 좋은 묏자리의 소망을 성취하여 망우했듯이, 망우리공원의 정상에서 소망을 기원하며 근심을 잊는다.

어제 서편으로 저물었던 해는 오늘 아침 다시 찬란하게 떠올랐다.

2. 살기 좋은 동네, 과학으로 증명된 전설

경의중앙선 양원역의 이름은 양원리라는 지명에서 유래했다. 송곡여고 뒤쪽 지역이었다. '양원'은 良源 혹은 養源이라 썼다. 좋은 샘 혹은 치유의 샘이라는 뜻이다. 태조 이성계가 자신의 뒷자리로 지금의 건원릉을 점지하고 돌아오는 길에 목이 말라 이 우물의 물을 마셨는데 맛이 매우 좋다고 하며 양원수라고 이름을 지어 주었고 그것이 훗날 마을 이름까지 되었다. 이는 망우리 지명 유래를 뒷받침하는 또 하나의 소중한 전설이므로 우물터는 반드시 복원되어 문화유산으로 관리해야 한다.

그리고 조선시대, 망우리 마을에 정광록이라는 요절한 천재가 있었는데, 15세 때 자신의 집 이름 양원헌(養源軒)의 연원에 관해 쓰길, "이 우물은 달면서도 차가운데 겨울에는 따뜻하고 여름에는 시원하다. 넘치지도 마르지도 않으며 입도 개운하게 하고 정신도 맑게 하니 이 우물에 비하면 송나라 구양수의 양천(釀泉, 물이 맑아 술을 빚으면 향기가 난다고 함)도 평범하다"고 했다(『망우동지』).

태조의 전설과 정광록의 글이 실제 사실이었다는 것이 600년이 지나 현대의 과학으로 증명되었다. 2010년 2월 22일, 서울시는 2002년 정기 수질검사가 시작된 이후 8년 연속 수질 적합 판정을 받은 열 곳을 선정하고, 중랑구의 동산 약수터와 송림천 약수터를 '서울 최고의 약수터'로 선정했다. 그리고 서울시 전체 열 곳에서 중랑구는 상봉1동의 보현정사, 망우동의 용마천, 망우천이 추가 선정되어 모두 다섯 곳을 차지했다. 중랑구 소재의 약수터가 절반을 차지했으니 너무 편파적이라고 생각될 정도이다. 용마천, 망우천, 송림천은 망우리공원 이중섭 묘 근처이고, 동산약수터는 용마랜드 뒤편이며 보현정사는 봉화산 아래다. 산(282m)이 그리 높지 않으니 이 지역의 땅속에서 솟아나는 물일 것이다.

예로부터 산 좋고 물 좋은 곳이 살기 좋은 곳이다. 좋은 물의 효험은 누구나 인정한다. 프랑스산 에비앙을 편의점에서 팔고 백화점에서는 다양한 외국산 물을 팔고 있으니, 이 동네에 산다는 것은 큰 혜택이 아닐 수 없다. 매일 망우산에 올라가 약수터의 물만 꾸준히 마셔도 장수할 수 있을 것이다.

예를 들면, 망우리공원 순환로 우측으로 가면 국민강녕탑이 왼편에 보인다. 면목동에 사는 최고학 옹(1927년생)이 혼자 십여 년에 걸쳐 쌓은 탑이다. 그는 매일 망우산에 올라 쓰레기를 줍고 탑도 쌓았는데 약수를 매일 2리터를 마신다고 했다. 동락정 정자에서 자주 뵐 수 있었는데 안타깝게도 이삼 년 전부터 얼굴을 뵐 수가 없다. 내가 어릴 때 살던 봉화산 기슭의 기와집에도 마당에 우물이 있었다. 당시에는 우물을 쓰지 않고 펌프로 지하수를 먹었고, 요즘은 망우리공원을 자주 찾으며 약수를 먹고 있으니, 과학으로 증명되지는 않았지만, 지금 건강한 몸과 마음으로 글을 쓸 수 있는 게 아닐까.

그래서 나는 해마다 '중랑구 부동산 CEO과정'에서 망우리공원을 주제로 강연할 때, 부동산 사장님들은 사무실에 이 신문기사를 벽에 붙여 놓기만 하면, 이사할 집을 찾아 중랑구에 온 사람들과 그 자리에서 계약서를 쓰게 되지 않겠냐고 말한다.

망우리공원은 몸에 좋은 물이 솟아나는 곳에 그치지 않고, 우리의 정신에도 좋은 인문학의 물이 계속 솟아나는 원천(源泉)이다. 근원이 없는 도랑물은 금세 마르지만, 쉼 없이 샘솟는 근원(역사)을 갖춘 망우인문학은 흐르는 도중에도 마르지 않고 멀리 바다까지 이른다. 뿌리 깊은 나무와 깊은 샘물처럼, 바람에 흔들리지 않고 가뭄에 마르지 않는 내공은 망우리공원에서 쌓을 수 있다.

3. 중랑천 설화의 비밀, 변중량

중랑천은 조선시대의 지도에서도 망우리면에 속한 하천으로 표기되어 있다. 아차산과 중랑천이라는 산하(山河)가 망우리를 감싸고 있는데, 중랑천에 관련된 역사는 별로 보이지 않고 이름의 유래조차 의아스럽다.

조선시대 지금의 월릉교(묵동) 부근은 송계(松溪)라 불리고 그곳에 놓인 다리는 송계교라고 했다. 하천의 동쪽은 송계원이라는 국립여관이 있던 곳으로 특히 왕의 동구릉 행차 시에 잠시 쉬어가는 곳으로 사료에 종종 등장한다. 이를 배경으로 다음과 같은 설화가 내려온다.

태종 때 송계교를 목교에서 석교로 개축할 때, 마을의 모든 장정이 부역에 동원되었다. 열여섯 살의 딸과 사는 홀아비 중이(仲伊)는 장님이라 딸이 부친 대신 남장을 하고 부역에 나갔다. 문제는 생리현상이었는데, 소변을 볼 때 탄로 날 수 있어 대롱을 넣고 일을 보았다. 이를 알게 된 수령은 부역을 해제하고 딸의 효성을 치하했다. 딸은 중랑자(仲郎子)라고 불렸으나 남장 여인임을 알고 난 후에는 중랑(仲娘)이라 불렸고 이것이 중랑(中浪)으로 바뀌었다는 것이다. 면목역 입구에는 이 내용의 안내판이 중랑자 동상과 함께 세워져 있다.

나는 처음 이 설화를 접했을 때부터 아무래도 이상하다고 생각했다. 일단, 아무리 강제 부역의 시대라고 해도 장님에게 일을 시킨다는 게 말이 되는가. 그리고 딸이 대롱을 이용해 남자처럼 소변을 본다는 것이 실제로 가능한 일인가. 알고 보니 '중이'라는 이름에 단서가 숨어 있었다.

『조선왕조실록』 태종 17년(1417) 9월 4일 "임금이 … 매사냥하는 것을 보고 중랑포에 주정(낮에 머물며 참을 먹는)했다" 하며 중량포가 처음 사료에 나타난다. 세종 3년(1421) 6월 16일에는 "임금이 풍양궁에 문안했다. 물이 아직 많으므로 송계를 배로 건너서…"라고 했다. 즉 다리가 없어서 배로 건넜다는 말로 추정된다. 그리고 송계의 다리가 사료에 처음 나타난 것은 선조 36년(1603) 8월 8일 "송계의 큰 다리로 말하면 여러 번 홍수를 겪어 다 무너져 공역을 많이 들여야 할 것이므로 …"라는 내용이 나온다. 홍수에 다 무너질 정도라면 석교가 아니라 목교였음을 추정할 수 있다. 즉 송계교 설치 이전이나 돌다리 설치 이전에 중량포(中良浦)라는 지명이 나타난다. 그리고 '송계교'라는 이름은 영조 이후에 나온다. 따라서 중랑자의 설화는 후대에 민중 속에서 만들어진 것으로 추정한다.

60~70년대 필자가 어릴 때만 해도 이 지역 사람들은 중랑이 아니라 중량교, 중량천이라고 발음했다. 지금도 어르신들은 중량이라 발음한다. 중량교에서 동대문으로 건넌 도로변에 '중량약국'이라는 간판이 지금도 보인다. 이 지역에서 오랫동안 내려온 지명은 중

량이었다. 중량포(中梁浦), 중랑포(中浪浦)라는 이름은 영조 때부터 나타나므로 가장 오래된 지명은 태종 때부터의 중량(中良)이다.

중랑의 원형인 중량(中良)은 고려말 조선초의 문신 변중량(卞仲良 1345~1398)의 이름에서 나온 것으로 추정한다. 중랑자 설화보다 훨씬 설득력 있는 역사적 사실을 살펴보자.

초계 변씨 시조 변정실에서 4대째에 갈라진 밀양 변씨에는 변옥란(고려조 이조판서)의 아들 3형제 맹량, 중량, 계량이 유명하다. 맹(孟)은 맏이, 중(仲)은 둘째, 계(季)는 막내를 뜻한다. 변중량의 후손은 이 삼형제를 삼량(良)이라 부르고 근대의 영만, 영태, 영로 삼형제를 삼변이라 부른다.

변중량은 이성계의 이복형 이원계의 사위이고 정몽주의 제자였다. 밀양에서 태어나 21세 때인 1365년 문과에 급제했다. 이방원이 정몽주를 제거할 것을 도모하자 변중량이 그 사실을 정몽주에게 알렸다. 정몽주가 병문안을 이유로 이성계의 집에 가서 사태를 살

폈는데 이성계는 그를 전과 같이 대했다. 안심하고 정몽주가 돌아갈 때 이방원은 바로 이때라고 하며 부하를 보내 선죽교에서 정몽주를 죽였다.

중량은 전중경(종3품) 때인 1394년에 "병권은 종친에게 있어야 하고 정권은 재상에게 있어야 하는데, 조준, 정도전 등이 병권과 정권까지 장악했다"고 하며 이를 태조의 실정으로 돌리며 병권 회수를 주장했다. 이 말이 태조의 귀에 들어가 경상도 영해에 유배되는 고초도 겪었지만, 곧 풀려나 1395년 원종공신에 녹훈되었고 정3품의 성균관 대사성과 우부승지(1398년 7월)의 요직을 맡았다. 그러나 그해 8월, '1차왕자의 난' 때 세자 방석의 편에 섰던 중량은 이방원에게 참살되고 말았다.

동생 계량(季良 1369~1430)은 형의 시신을 수습해 경기도 장단(현 황해도 장풍)의 부친 옆에 묻었다. 계량이 형의 시신을 싣고 건넌 이름 없던 나루터를 '사람 人' 변을 빼고 중량포(中良浦)라 짓고 부르기 시작한 것으로 보인다. 내가 알기로, 이러한 내용은 후 손 변희룡 부경대 교수가 변씨 가문 사이트에서 2007년 처음 밝혔는데 전적으로 공감한다. 이 명칭이 태종 17년(1417)부터 실록에 나타날 정도로 공식화되었다.

중량은 이후로도 태종의 미움을 받았지만, 동생 계량은 태종에게 중용되어 세자의 스승도 지내고 예조판서까지 올랐다. 예조참의 때인 태종 9년(1408)에 태조 건원릉 신도비의 비음기(비석 후면 글)를 짓는 등 중요한 많은 글을 짓고, 세종 때에는 20년간이나 대제학을 지냈다. 그리고 중량의 장남 길상(吉祥)은 사복시정(정3품), 차남 구상(九祥)은 성균관 사예(정4품)를 지냈으니 중량은 역적의 취급까지는 받지 않았다.

이처럼 계량의 영향력으로 지명 중량포가 널리 쓰이지 않았을까. 특히 계량은 태종 때에 『태조실록』 편찬에 참여하고, 세종 때는 『정종실록』, 『태종실록』의 편찬을 지휘했으니 중량포라는 지명 확정에 절대적인 영향력을 가진 위치에 있었다. 나아가 『세종실록』과 『세조실록』에는 충량포(忠良浦)도 동시에 쓰며 변중량의 충절을 기렸다. 계량도 죽어 부친과 형의 무덤 아래에 묻혔다. 중량이 동생 계량을 그리며 쓴 시 〈憶弟(억제, 아우를 그리며)〉가 전해올 정도로 형제의 우애는 돈독했다.

중량포(中良浦)는 태종17년(1417)~중종32(1537)까지 실록에 23회 등장하고, 변계량의 문집 『춘정집』의 1421년(53세) 내용에 "당시 태상왕(태종)이 건원릉을 참배했는데 상(세종)이 중량포에 가서 장막을 설치하고 맞이했다"라고 나와 있다. 또 김수온(1409~1481)의 『식우집』에 시의 제목 '成化戊戌春移中良浦(1478년 봄 중량포로 옮기다)'가, 박세채(1632~1695)의 『남계집』에 '過中良浦有感(중량포를 지나며 느낀바)'이라는 제목의 시가 실려 있다.

그러나 세종 12년(1430) 변계량 사후, 변중량은 역사의 뒤편으로 사라진다. 일단 변계량 사망 시에 사관이 실록에 적기를, 변계량이 "귀신을 섬기고 부처를 받들며 하늘에 절하는 일까지 하여 식자들이 조롱했다"고 하고, 결혼을 네 번이나 함으로써 "아내가 있으면서 다른 아내에게 장가들었다는 일로서 유사들의 탄핵하는 바가 되었다"라고 하며 후대의 평가 절하를 예감케 했다. 이후 가문에서는 계량처럼 중량을 변호할 만한 권력자는 조선말까지 나타나지 않았다.

그래서일까. 지명 충량포(忠良浦)는 세종부터 세조 때까지만 15회 나오고 이후 사라졌다. 이후 실록에는 영조(1724)부터 중량포(中梁浦), 중량천(中梁川), 중랑포(中浪浦), 중령포(中冷浦)로 한자가 바뀌어 나타난다. 일제가 1911년에 지도를 만들 때, 량(良)을 랑(浪)의 오기로 간주해, 혹은 발음의 편의를 위해 중랑으로 표기하기 시작했다는 설도 있지만 영조 때부터 중랑포(中浪浦)가 보이므로 이는 사실이 아니다.

중랑자 설화는 변중량에 관한 역사적 사실의 단서를 품고 있다. 송계원은 태종이 능행길에 자주 머물던 장소이므로 태종의 상징이라고 할 수 있다. 태종에게 참살을 당한 변중량은 설화 속에서 중이(仲伊)라는 이름으로 바뀌었다. 장님이 된 것은 참살을 당한 것의 비유이고, 중랑자의 효행은 변중량의 절의, 수령의 치하는 변중량의 명예회복을 비유한 것으로 보인다. 이것이 바로 중랑자 설화 속의 비밀이 아닐까.

　우연히 혹은 운명적으로 변중량의 후손들 묘는 십여 년 전까지만 해도 신내동 데시앙 아파트 건너편 산에 많이 있었고, 망우리에는 역관 출신으로 한성판윤에 5회나 제수된 26대손 변원규(卞元圭 1837~1896)의 묘가 있다.

　대원군 집정 때인 고종5년(1868) 때 변중량에게 이조판서와 대제학 등이 추증되었다. 변중량이 신원된 것은 외교에 공이 큰 후손 변원규에 대한 배려가 크게 작용한 것으로 보인다. 후손은 변원규가 대원군에게 받은 난초화를 아직도 간직하고 있다.

　변중량의 스토리를 부각시킨다면, 태조에 대한 충절과 중량·계량 형제의 우애가 담긴 중랑이라는 지명이 조선의 역사 속에서 중요한 자리를 차지하게 되고, 중량·계량 형제가 남긴 많은 한시는 문학의 향기로 중랑천변을 장식할 수 있을 것이다.

4. 호랑이가 나타났던 망우리와 아차산

"옛날 어린이들은 호환, 마마, 전쟁 등이 가장 무서운 재앙이었으나…."

90년대 비디오를 틀면 가장 먼저 나왔던 공익광고인데, 불법·음란 비디오 시청을 동급의 재앙으로 강조한 것은 지나친 비약이지만, 앞부분의 이 말은 맞다.

망우리에 계신 지석영 선생의 종두법 도입 이전에는 아이들의 마마(천연두) 치사율은 30%를 넘나들었고 전쟁 때 아이의 생명은 뒷전으로 밀려났다. 한편 호환은, 평북 선천에서 호랑이가 잠자는 소녀를 물어갔다는 기사, 황해 황주에서 호랑이가 아이를 물어가 잡아먹었다는 기사(동아 24.08.26., 27.07.24.) 등이 보일 정도로 어린이에게 가장 무서운 재앙이었다.

1392년(태조 1년) 성안에 호랑이가 들어와 쏘아 죽였다는 기록을 비롯해 조선시대 기록에는 호랑이 출현 기사가 적지 않다. 가장 놀라운 것은 1701년(숙종 27년) 12월 23일 『승정원일기』의 기록이다. 당시 강원감사는 강원도에서 6, 7년간 307명이나 호랑이에게 물려 죽었다고 보고했다.

망우리와 아차산에도 호랑이가 종종 나타났다. 인접한 구리시 갈매동은 호환이 많아 '호랑이 안방'이라는 별명이 있었다. 아차산은 망우산, 용마산까지 포함한 망우리의 '마을 산'이었다. 『조선왕조실록』 등에 나온 기사 몇 개를 골라 쉽게 고쳐 쓴다.

1465년(세조 11년) 12월 3일, 동쪽 교외에 범이 들어왔다고 하여, 임금이 보제원(안암동)에 거둥(임금의 나들이)하여 종친과 재상을 불러 술자리를 베풀고 아차산 아래로 거둥하여 호위 무사들을 좌우로 포위하게 했으나 잡지 못했다.

1784년(정조 8년) 11월 3일, 훈련도감이 아뢰길, 경성(京城)에서 멀지 않은 곳에 사나운 호랑이가 나타나 군사들을 보내 아차산 아래까지 쫓아가, 한 명이 먼저 총을 쏘았다가 호랑이에게 물려 죽고 다른 두 명이 뒤이어 쏘아서 잡았다고 했다. 임금은 죽은 포수의 장례를 각별히 돌봐주고 두 포수는 포상하고 호피는 본영에서 처리하라고 명했다.

1793년(정조 17년) 11월 7일, 병조가 아뢰길, 어느 대기병이 이달 6일 망우리 근처에서 중간 크기의 호랑이 한 마리를 사사로이 사냥해서 잡아들였기에 정규군 동등의 급여로 올려주기를 청했다. 가죽은 장수에게 주라고 임금이 명했다.

1794년(정조 18년) 2월 13일, 어영청이 아뢰길, 동교에 사는 본청 군사들이 아차산 근처에 호환이 있다는 말을 듣고 함께 가서 호랑이의 자취를 추적하여 중호(中虎) 한 마리와 소호(小虎) 한 마리를 잡아서 바쳤기에 규정대로 군사를 포상하겠다고 했다.

1798년(정조 22년) 7월 16일, 장용영과 어영청이 아뢰길, 총을 잘 쏘는 포수 등이 아차산에서 사냥하여 새고개 근처에서 중호 한 마리를 잡아 바쳤다고 했다.

1800년(정조 24년) 4월 17일, 어영청이 아뢰길, 살곶이 마장 근처에서 호랑이 사냥을 마치고 돌아오다가 아차산 아래에서 작은 표범 한 마리를 잡아 바쳤다고 했다.

1804년(순조 4년) 11월 18일, 어영청이 아뢰길, 군사가 철수하고 돌아오는 길에 망우리 근처에서 또 대호 한 마리를 잡아 도합 세 마리를 잡았다고 했다.

이렇게 종종 호랑이가 나타나던 아차산은 임금과 왕자가 자주 찾는 사냥터였다. 그러나 조선 후기부터 나무가 사라진 헐벗은 산이 되었고 일제의 공동묘지 조성으로 황량하기 그지없었다.

1973년의 묘지 폐장 후 지속적인 공원화 작업으로 다시 숲을 되찾은 요즈음, 망우리공원의 숲길을 돌아다니다 보면 갑자기 푸드덕 꿩이 날아오르고 두다닥

고라니가 뛰쳐나간다. 숲에서는 희귀종이 된 딱따구리의 나무 쪼는 소리도 들려온다. 2016년 망우리고개에 건설된 낙이망우교는 생태 통로가 되어 북쪽 산맥에서 멧돼지는 물론, 천연기념물인 산양이 용마산까지 내려온다. 2021년 중랑구는 산양에게 '용마돌이'라는 이름을 붙여주며 친환경 녹색도시를 어필했다.

호랑이는 오래전에 사라졌지만, 봄날의 벚꽃과 아카시아꽃, 여름의 녹음, 가을의 단풍이 아름다운 숲속에서의 산책은 망우리공원에서 얻는 또 하나의 큰 즐거움이다.

5. 백사 이항복의 동강정사

(아차령(峨嵯嶺)에 올라 한양을 바라보고 슬픈 생각에 이 시를 짓다)

서쪽 하늘 저문 빛은 이미 어둑어둑한데

西天暮色已蒼然

눈물 흘리며 고향 산 석양 가에 들어왔네

淚入鄉山落日邊

읊조리며 진암에 기대 멀리 눈 놀리어

嘯倚震巖遊遠目

삼각산 아래 만 가호의 연기를 기꺼이 보노라

欣瞻華下萬家煙

백사 이항복(1556~1618)은 말년에 망우리에 동강정사(東岡精舍)라는 별장을 짓고 살았다. 위에 나온 아차령은 망우령의 다른 이름이거나 아차산 남쪽의 어느 고개였을 것이다.

백사는 임진왜란 때 선조의 피난길을 수행하기도 하며 주요 관직을 거쳐 영의정(1600~1602/1604)까지 올랐다. 1608년 광해군 즉위 후 다시 좌의정으로 출사했으나, 인재 천거를 잘못했다는 구실로 정적의 공격을 받고 1614년 1월 물러났다. 불암산 아래 갈대 무성한 노원(蘆原)에서 머물다가 1616년 망우리에 동강정사를 짓고 동강노인이라 자칭했다.

동강(東岡)은 '동쪽의 언덕'이라는 의미로 『후한서』에 나온다. 안제(安帝) 때 벼슬에 나아가지 않는 어느 선비가 있어 친지가 그에게 이르기를 "무엇 때문에 그대만이 동쪽 산등성이의 언덕을 지키려 하느냐?"라고 한 것에서 유래하여 선비의 은거를 의미한다. 백사의 동강은 한양 동쪽의 언덕 망우리를 가리키고 정사(精舍)는 정신을 수양하는 곳이다.

백사는 동강정사를 완성하고 기쁜 마음에 아래의 시를 지었다.

젊은 나이로 나그네 되어 세속에 떨어져서
早年爲客落塵煙

인간 세상의 만겁 인연을 남김없이 부리고
弄盡人間萬劫緣

백발이 되어 강가에 돌아와 누워 있으니
頭白歸來江上臥

온 하늘 바람과 달빛이 끝없이 광대하구나
一天風月浩無邊

정사의 위치가 궁금하다. 백사의 증손 이세구(1646~1700)는 문집 『양와집』의 「동강정사도발(東岡精舍圖跋)」에서, 동강정사를 그림으로 그려 정사는 사라지더라도 그 땅과 모습이 영원히 전해지도록 했다. 동강은 정자 앞쪽의 높은 봉우리를 가리킨다고 했다. 그림은 전해지지 않는데 동강정사의 위치는 이렇게 적혀 있다.

<blockquote style="color:red">
동강정사는 … 망우리고개 한 자락이 날 듯 춤추며 남으로 무임강(無任江)을 향하여 5리 가다가 두 개의 못이 보이는 곳에서 지세가 끝이 난다. 정사는 그 위 북쪽에 걸터앉아 남향으로 되어 있다. … 정사 동쪽에 다시 안채 일곱 칸을 지었다. 그 서남쪽에 샘이 있는데 물맛이 달다. 남쪽 아래로 두 못이 바라보인다.
(『조선의 문화공간3』, 이종묵)
</blockquote>

백사의 제자 정충신(1576~1636, 충무공)은 백사의 유배부터 장례까지의 일기 『북천일록(北遷日錄)』을 남겼는데, 그 책에서 동강정사를 무임별서라고 하고 정사의 위치는 "도성 동쪽 25리"라고 했다. 13도창의군탑은 '도성 밖 30리'에서 전투를 벌였다는 기록에 근거해 지금 자리에 세워진 것이니 대략 지금의 망우리가 맞다. 또한, 위의 글에서 물맛이 달다고 했으니 태조가 마시고 칭찬했다는 '양원 우물'처럼 이 지역의 물이 좋았다는 것이 다시 한번 확인된다.

그런데, 무임강은 무임포(『퇴계집』)라 하여 왕숙천

하류라는 설이 있고, 남쪽으로 못이 두 개 보인다고 했으니 장자못이 보이는 구리 쪽일 가능성도 있다. 그리고 아래의 시를 적으며, "무임강(無任江) 가에 땅을 가려 집을 지었는데 들은 넓고 강은 낮아서 집에서 물이 보이지 않으므로 장난삼아 쓴다"고 했다.

> 아름다운 맑은 강물을 푸른 들이 가리어라
> 澄江媚嫵青蕪隔
> 보인 곳이 어찌 숨은 곳의 기이함만 하리오
> 見處何如隱處奇
> 세간의 명승지가 그 어디가 이만하랴
> 形勝世間誰得似
> 푸른 등라 장막 속에 서시를 숨겨놓은 격일세
> 綠蘿帷帳匿西施

지금 망우리고개 넘어 교문리에 있는 서예가 김규진의 과수원을 유족은 '망우리 과수원'이라 불렀고, 방정환의 묘도 옛날 신문기사에 '망우리 아차산'에 있다고 했듯 옛날의 망우리는 고개 너머 구리까지 전부 포괄한 지명이었다. 정사의 정확한 위치는 좀 더 연구가 필요하다.

백사는 1617년(광해군 9년) 11월, 인목대비의 폐위에 관해, 아무리 계모라고 해도 자식은 어미를 벌할 수 없다며 반대 의견을 올렸으나 삼사(三司)의 탄핵을 받고 평북 창성으로의 유배가 결정되었다. 공식적인 어명을 받들기 위해 12월 22일(양력 1월 18일) 청파역(청파동 1가)의 하인 집으로 떠나가는 길에 망우령을 지나며 아래의 시를 지었다.

모진 바람도 철석같은 마음 뚫기 어려우니

獰風難透鐵心肝

서관 땅 만 겹의 뫼도 두렵지 않도다

不怕西關萬疊山

동쪽 바위 천 길 고개에 말을 세우고

歇馬震巖千丈嶺

석양에 돌아보매 목릉이 쓸쓸하도다

夕陽回望穆陵寒

목릉은 선조의 능인데 당시는 지금 경릉의 위치에 있었다. 유배지는 다시 몇 차례 변경되어 북청으로 결정되고 정충신이 백사를 따라갔다. 그러나 백사는 선조 사후 삼년상을 지내며 몸이 이미 많이 상했고 유배 전에 중풍까지 걸렸던 터라 유배지에서 고생 끝에 5월 13일(양력 7월 4일) 62세로 세상을 하직했다. 광해군은 뒤늦게 자신의 처사를 뉘우치며 백사의 관직을 회복시키고 예장을 명했다.

정충신은 손수 염습하고 영구를 모셔 포천 선산에 장사를 지내고, 상주는 고인의 뜻을 헤아려 신주(神主)를 동강정사에 모셨다. 정충신은 마음으로 삼년상의 예를 갖췄고 스승의 기일과 명절 때마다 유족의 집을 찾아와 참례했다.

한편, 김윤경은 《동광40호》(1933.01.23.)의 〈조선의 유모리스트 오성과 한음의 최후〉에서 아들도 아닌 정충신이 동강정사에서 삼년상을 지냈다고 썼고, 월탄

박종화는 대하역사소설 『자고 가는 저 구름아』에서 청파역의 하인 집을 정충신의 집이라고 썼다.

동강정사를 재건하는 것은 아무래도 시일이 많이 필요할 듯하니, 목릉을 향한 망우리고개 적당한 장소에 시비를 건립하여 망우리 주민이었던 이항복의 이야기를 널리 전했으면 한다.

* 위의 시는 모두 『백사집』(한국고전번역원DB)에서 인용했으며 마지막 시는 번역을 약간 고쳤다.

6. 중랑구의 애국지사 6인을 찾다

위인은 출생지, 활동지, 귀양지, 영면지, 더 나아가 이장지(묘터)까지 모두 소중하다. 각 지역은 어느 곳이든 해당하는 인물을 지역의 위인으로 소개한다. 중랑구의 경우, 망우리공원의 위인은 대부분 파악된 상태인데, 지역 출신 애국지사나 유명 인사는 조선시대 이후로는 자료가 보이지 않는다. 서울시에 속한 지역이라고 지역사 연구를 서울 중심에 맡기고 있다면 지방 자치의 의미가 무색해진다.

새롭게 알게 된 중랑구 6인의 애국지사를 소개한다. 망우리 3·1운동의 주모자급으로 추정된다. 신내동

1인, 상봉동 1인, 면목동 4인으로 모두 여섯 명이다.

우선, 신내리 622에 사는 서당교사 이정(李政 1874~1959)이라는 애국지사가 있었다. 1919년 10월경에 유림 대표로 대동단(총재 김가진)에 가입하여 활동하다가 11월 27일 체포되어 다음 해 1920년 12월 7일 경성지방법원에서 징역 1년을 받고 옥고를 치렀다. 사망 시 주소는 신내리 621번지. 2008년에 건국포장을 추서 받았다.

다음으로, 1920년의 대한독립단 사건으로 검거된 애국지사로 1990년에 애족장을 받은 최승환(崔承煥 상봉리 321, 1873~1968), 고윤원(高允源 면목리 1292, 1893~1950), 안흥기(安興基 면목리 1267, 1885~1959), 안영기(安永基 면목리 1277, 1893~1925), 손명근(孫命根 면목리 1262, 1871~1942) 등 다섯 명이 있었다.

구리면 사노리 출신의 김규식(1882~1931, 독립장)은 1912년 만주로 망명하여 독립운동을 했는데, 1919년 5월, 한석남을 데리고 국내로 들어와 상봉리에서 미곡상을 경영하는 유학자 최승환에게 소개했다. 김규식,

한석남을 포함하여 최승환은 독립군의 국내 침공을 맞을 준비를 한다는 의미의 대한독립군환영단을 조직하고 단장을 맡았다. 격문의 인쇄와 배부, 군자금 모금이 주목적이었다.

면목리의 손명근, 고윤원 외에 회기리의 이섬, 김선문, 이문리의 김원제, 청량리의 권학규 등도 단원이었다(이섬 신문조서). 김선문, 김원제, 권학규는 예수교 재림교인으로 동교 출판사 시조사(1912~)의 인쇄 시설이나 기술을 제공한 것으로 보인다.

한편, 1919년 11월, 만주의 대한독립단(총재 박장호)은 김기한, 강지형 등을 국내로 파견하여 국내에 지단(支團)을 설치하고자 했다. 대한독립단은 1910년 국권 피탈 후에 해외로 망명한 의병들을 중심으로 1919년 4월 15일 남만주 유하현 삼원보에서 결성되었고 후에 임시정부의 광복군으로 합류된 단체였다.

김기한, 강지형 등의 입국 이전에 이미 7, 8월경에 조맹선(총단장), 김유성(참모부장)의 권유로 최승환과 환영단원들은 대한독립단에 가입한 상태였으므로, 지사들을 추가로 끌어모아 왕십리 강지형의 집에서 경기지단을 조직하기에 이르렀다.

대한독립단은 경성에 총기관을 두고 지도자로 의친왕 이강을 추대하려고 부관 어담을 통해 접근하는 과정에서 발각되어 1920년 11월부터 1921년 봄에 걸쳐 김기한, 강지형 및 경기지단원들이 줄줄이 체포되었다.

검거된 13명은 함께 격문, 사형선고장, 영수증 등을 인쇄, 배포하며 군자금을 모집하는 등의 죄로 1921년 9월 30일 경성지방법원에서 김기한 8년, 최승환·이섬 4년, 강지형·홍영전 3년, 정순영 2년, 송내호 1년, 이주호 8개월, 안흥기·고윤원·정무순 6개월(고윤원은 집행유예), 안영기·송명근 무죄의 선고를 받았다.

궐석재판으로 징역 4년의 중형을 받은 최승환은, 만주로 망명했다가 공소시효가 소멸된 것으로 착각하고 1928년 들어왔다 체포된 '3·1운동범 최승환'이라고 동아일보(3월 20일)는 전하고, 조선일보(3월 23일)는 '유명한 한학자'로 관헌의 눈을 피해 가평군에서 한문선생을 하며 지냈다는 법정 증언을 전했다. 허헌 변호사의 열띤 변호 덕분인지 1928년 3월 29일 경성지방법원에서 징역 2년에 집행유예 3년을 받았다.

고윤원은 최승환의 심복과도 같은 역할을 하던 자로, 안흥기·안영기 형제의 집에서 격문 등 인쇄물을 찍고 보관, 배부했다. 30년대부터는 회기리에 거주하며 1950년 2대 민의원 선거에 동대문구에서 출마하여 차점으로 낙선했다. 휘경동에 토지도 많아 청량리초등학교 이사를 지냈으나 6·25 때 납북되었다.

안흥기는 동생 안영기와 함께 그의 집에서 격고문 등 수종의 인쇄물을 찍고 배부했는데 대량의 문서를 2개의 나무 상자에 넣어서 집에서 2정(약 200미터)쯤 되는 산중에 묻어서 보관했다.

손명근은 장로교인으로 만주에서 김기한 등과 함께 국내로 파견되었다. 국내에 배부할 인쇄물을 볏자루에 넣어 자신의 집으로 보내 보관했다. 면목초(면목학원)의 설립자(1930)로 1998년 후손이 세운 기념비가 교내에 남아 있다.

이상, 도합 6인의 중랑구 애국지사를 소개했는데, 경기도는 이분들을 고양군과 양주군의 인물로 소개하고 있다. 중랑구는 문화적으로도 서울의 변두리로 남고 싶은 것일까.

7. 차라리 죽으러 망우리 가요

우리에게 공동묘지의 개념은 없었다. 그저 동네 뒷산이 묘지였다. 단, 서울의 경우, 조선시대에는 법률(경국대전)로 도성 밖 십리(城底十里) 내에 묘를 쓰지 못하게 했다.

성저십리는 동쪽은 송계원(월릉교 동쪽 위치) 및 대현(금호동), 서쪽은 양화진 및 고양 덕수원(구파발역), 남쪽은 노량진에 이르는 곳이다. 그래서 중랑천 너머로 많은 명문가의 묘가 들어섰다. 밀양 변씨 가문의 묘가 십여 년 전까지 신내동에 많이 있었고, 신도비까지 서 있는 영의정 신경진으로 대표되는 평산 신씨 문희공파 가문의 묘는 지금도 남아 있다.

조선총독부는 1912년 6월 20일 부령 제123호로서 묘지를 허가제로 하는, 즉 공동묘지 외에 묘를 쓰지 못하도록 하는 '묘지·화장장·매장 및 화장 취체 규칙'을 공포했다. 기존의 선산도 인정하지 않는 내용(민원 다발로 1918년 허용)이 포함되어 풍수 중시의 조선인으로서는 반발이 컸지만, 공중위생이나 도시계획의 면에서는 근대적인 제도의 도입이었다.

이에 경성부가 1913년 9월 1일자로 허가한 부내 공동묘지는 미아리, 이문동, 수철리(금호동), 이태원, 여의도, 신사리(은평구) 등 19개소였다.

그 후 20년이 지난 1933년, 이태원, 수철리, 신사리, 홍제내리, 미아리(1, 2)의 5개소가 대만원을 이루고 미아리2에 여지가 조금 있는 상태에서, 경성부는 경기도로부터 75만 평을 매수하는 것으로 합의하고 약 52만 평을 묘지로 사용하기로 했으며(동아 33.02.02), 9월 2일부로 면목리 산1번지, 망우리 산57번지, 교문리 84번지의 3리 면적 519,060평의 망우리공동묘지를 정식

허가했다(동아 33.09.08). 서울시 자료에 따르면 사용개시일(개원일)은 1933년 5월 27일이다.

이후, 이태원묘지를 없애면서 많은 분묘가 망우리로 이장되었는데, 경성부는 1936년 이태원묘지 무연분묘 2만 8천여 기를 화장 후에 망우리로 옮겨 합장묘를 만들고 앞에 합장비를 세웠다. 유관순, 나도향이 이곳에 함께 합장된 것으로 추정된다. 또한, 마포 노고산(서강대 뒷산)의 묘지도 택지개발로 인해 1938년 무연분묘를 망우리로 이장하고 경서노고산천골취장비가 세워졌다. 이 두 무연고 묘는 명절 때마다 관리사무소 사람들이 제사를 지내왔다.

고려대 앞에 있던 명온공주(및 부마 김현근)가 1936년에, 이문리묘지에 있던 아사카와 다쿠미가 1942년에, 미아리묘지에 있던 최학송, 박희도 등이 1958년에, 수철리묘지(금호동)에 있던 김사국, 박원희 등(연도 불상)이 망우리로 왔다.

망우리묘지는 시내와 가깝고, 경관이 뛰어난 배산임수의 명당으로 여겨져 공동묘지 중에 인기가 가장 높았지만, 묘가 급격히 늘어나 약 4만 7천 기가 된 1973년 3월 25일 폐장되었다. 그럼으로써 묘하게도 1933년부터 40년간의 격동적인 한국 근대사가 액자처럼 보존된 상태가 되었고, 지금은 서울에 유일하게 남은 공동묘지이다.

한식이나 추석 때마다 붐비는 추모객으로 망우리는 단골 뉴스거리였다. 기사를 살펴보면 1969년 추석 때의 30만 명이 최다였던 것 같다.

많은 일화도 생겼다. 초기에는 비석 없는 묘가 많고 풍경도 엇비슷하여, 오랜만에 찾아온 유족이 부모 묘를 찾지 못해 관리사무소에 울면서 하소연하고, 어떤 이들은 서로 자기 부모님 묘라고 싸우기도 했다. 남의 묘의 떼를 훔쳐서 파는 악질 장사꾼, 갓 만들어진 묘를 몰래 파헤쳐 값나가는 물건을 훔치는 도둑도 있었다. 한식날에는 묘지 입구에 '떼'를 파는 지게 짐이 늘어섰고, 소년 소녀가 국화를 서로 먼저 팔려고 뛰어다녔다. 나도 대학 1학년의 한식날 묘 입구에서 친구와 국화 장사를 한 기억이 있다. 지동차가 늘어나자 청량리부터 망우리까지 두세 시간이 걸렸고, 짐칸에 사람들을 가득 태우고 청량리와 망우리를 왕복하는 트럭도 있었다.

최대 규모의 공동묘지 망우리는 어느덧 죽음의 대명사가 되었다. "차라리 죽으러 망우리 가요"라는 우스갯말도 생겼다. 동대문 고속버스터미널에서 청량리 → 중량교(중랑교) → 망우리 가는 버스(문화촌-망우리 노선을 운행한 안성여객 49번으로 기억한다)의 여차장이 정거장에서 행선지를 소리쳐 알리는데 말이 빨라 그렇게 들렸다고 한다. 고춘자·장소팔의 만담에서 나왔다는 말도 있고, 코미디언 백남봉이 처음 했다는 말도 있지만, 어쨌든 속세의 삶 자체가 괴로워 차라리 죽고 싶었던 옛 시절의 블랙 코미디였다.

그러한 역사를 뒤로 보내고 1977년 7월 14일 건설부 고시 제138호로 도시계획시설(공원)로 최초 고시되어 '망우공원'이 되었고, 1998년 8월 13일 서울시는 다시 명칭을 '망우리공원'으로 변경 고시했다. 세월이 많이 흘러 변경의 속사정을 알기 어렵다. 하지만, 조선 중기에 망우리를 망우리면으로 하면서 망우리를 지킨 정신을 계승하고 대구의 망우공원(망우당 곽재우)과의 중복을 피해야 한다는 사정이 반영되지 않았을까 싶다.

최근에 새로 만든 '망우역사문화공원'은 공식 명칭이 아니라 역사문화공원의 이미지 전파를 위해 붙인 일반 명칭이다. 공식 명칭의 변경은 서울시 지명위원회의 의결을 거쳐야 한다. 나는 '망우리공원'을 유지하거나 어렵다면 '망우리역사문화공원'으로 하여 망우리는 남기자고 주장했다. 구청은 자문위원의 의견을 종합하여 '망우리역사문화공원'으로 정했는데 몇 달 후에 어찌 된 사정인지 '리'가 빠져 버렸다.

망우리공원은 아직도 분류상 '묘지공원'에 속한다. 묘지공원에는 휴게 시설만 허용될 뿐 박물관 등이 들어서지 못하는 등 규제가 많다. 그래서 지자체는 '역사공원'으로의 변경을 추진하고 있다. 그러나 서울시는 묘가 단 한 개라도 남아 있으면 묘지공원을 역사공원으로 바꾸지 못한다고 한다. 묘지 운영 행정과 역사공원화 행정이 충돌하고 있다.

망우리의 묘는 법적으로 언제까지 존치할 수 있을까? 현재의 서울시 조례는 다음과 같다. "제9조(사용 기간 제한) ① 시립묘지·시립봉안시설의 사용기간은 15년으로 한다. ② 시장은 제1항의 사용기간이 경과한 시립묘지·시립봉안시설의 사용자가 사용기간의 연장을 신청하는 때에는 한 번에 5년씩 세 번만 연장한다. 다만, 규칙에서 정하는 자에 대하여는 추가 연장할 수 있다."

15년+15년(5년 x 3회) = 최장 30년이다. 연장 사용 기간의 제한이 발효된 2008년부터 기산하면 2038년에 망우리의 묘는 법적으로 모두 없어져야 한다. 시간이 얼마 남지 않았다.

다행히 보전에 대한 조항이 국가의 법률로서 2000년에 만들어졌다. 보건복지부 '장사 등에 관한 법률(제6158호, 2000년)'은 역사적 보존가치가 있는 묘지 등에 관한 특례를 제34조로 정했다. 이에 근거하여 서울시도 2003년부터 시 보존묘지 등의 지정기준을 조례 제5조의 2로 정했다.

"시장이 시 보존묘지 등으로 지정할 수 있는 묘지 또는 분묘는 다음과 같다. 1. 향토사적·문화적으로 보존가치가 있는 묘지 또는 분묘, 2. 지역발전에 큰 공로가 있거나 범 시민적 추모의 대상이 되는 자의 묘지 또는 분묘, 3. 애향정신의 함양에 이바지할 수 있는 묘지 또는 분묘"

중랑구에도 구의원의 발의로 2022년 말 '망우역사문화공원 조성 및 운영 조례'가 처음으로 만들어져, '보존묘지'가 관리되지 않는 경우 구청이 행정 및 재정적 지원을 할 수 있는 근거를 마련했지만, 보존묘지로 지정되지 않으면 사라질 위험에 처해 있다.

많은 묘가 사라지고 2022년 말 현재 6,900기 정도 남았다. 2023년에는 윤년이라 이장이 더욱 많았다. 공원 전체를 문화유산으로 지정하거나 적어도 문화유산의 가치가 있는 묘의 '보존묘지' 지정 작업이 시급하다.

8. '미와 경부', 미와 와사부로는 누구인가

망우리 인물을 공부하다 보니 '미와 경부'가 자주 등장한다. 호기심에서 근대 인물의 자료나 한국과 일본의 인터넷 사이트에서 자료를 찾았다. 아울러 그동안 보관하고 있던 미와의 엽서 사진도 최초로 공개한다.

〈야인시대〉를 비롯한 일제강점기 드라마에 단골로 출연해 우리에게 이름이 귀에 익은 종로경찰서 미와 경부, 미와 와사부로(三輪和三郎, 1884~1968?). 일본 경찰로 악명이 높지만, 우리 독립운동사에서 약방의 감초처럼 등장하는 인물인지라 우리 역사계가 반드시 연구해야 할 인물임에도 그가 언제 사망했는지 아무도 모른다. 단지 해방 후 김두한의, 자신이 미와를 잡아서 처단했다는 거짓 증언만이 전해졌을 뿐이다.

다음은 반민특위 조서에 나온 사실이다. 1942년 11월, 미와는 김두한에게, 만약 대동아전쟁이 불리하게 되면 시내 불량배의 불온한 행동이 우려되니 불량배를 모두 선편으로 남양으로 보내거나 몇몇을 본보기로 바다에 집어넣겠다고 말했다. 이는 총독부가 시내의 '어깨들'을 전쟁 지원에 활용하려는 방침하에 미와가 부린 술책이었는데, 이에 놀란 김두한은 총독부 야기(八木) 경무과장을 방문하여 선처를 부탁하고, 일제에 협력하는 모습을 보이기 위해 고희경(구마적), 김남산(왕십리), 김기환(쌍칼), 이정재 등과 1943년 4월에 반도의용정신대를 조직했다. 대장은 고등계 형사였던 장명원을 내세웠다. 김두한은 이 사건 이후 미와를 원수처럼 생각했다.

망우리의 많은 인물도 그와 악연을 맺었다. 한 예로, 미와는 어린이 사업을 통해 민족운동을 펼치는 소파 방정환을 자주 불러 취조했다. 소파는 매번 능청맞은 말로 미꾸라지처럼 빠져나갔다. 윤극영은 《신동아》에서 미와의 말을 이렇게 전했다. "방정환이라는 놈, 흉측한 놈이지만 밉지 않은 데가 있어 … 그놈이 일본사람이었더라면 나 같은 경부 나부랭이한테 불려다닐 위인은 아냐 … 일본사회라면 든든히 한자리 잡을 만한 놈인데 … 아깝지 아까워 …."

미와는 아이치현 나카지마군 출신으로 나고야 메이린(明倫)중학을 졸업했다. 나고야 기병 제17연대 소속으로 부대를 따라 1905년 10월 대한제국으로 건너왔다. 제대 후 1908년 통감부 순사로 시작하여 1919년 경부보, 1922년 경부를 거쳐 1934년 충남 경찰부 고등과장으로 전보되기 전까지 주로 종로경찰서에 근무했는데 흔히 '미와 경부'로 불리던 종로서 조사계 주임 시절이 가장 왕성하게 일선 책임자로 활동한 때였다.

뛰어난 조선어 능력으로 강연회 등의 행사에는 매번 그가 입회하여 불온한 언사가 들리면 '중지'를 외치고 행사 후에는 직접 장문의 상세한 보고서를 작성하여 상부에 올렸다. 조선어장려시험 갑종1등에 합격한 사실을 비롯해 조선어 능력을 단적으로 보여주는 예가 보고서에 보인다. 1924년 9월 21일의 기근대책강연회 보고서를 보니 '설상가상(雪上加霜)'이라는 단어가 나온다. 이는 일본에서는 쓰지 않는 단어인데, 미와는 '설상가상' 다음에 괄호를 열고 일본 속담 "우는 얼굴에 벌까지 쏘이다"라는 의미라고 적었으니 사자성어를 이해할 정도라면 그 실력을 가늠할 만하다. 세월이 흐르며 조선어에 능통한 왜경이 늘어났으나 초기에는 미와가 거의 독보적인 존재였다.

미와는 종로서에서 근무하며 독립지사 및 사상범을 잡기 위해 전국은 물론 해외의 상해, 만주, 홍콩, 싱가포르, 남양 각지로 출장을 다니며 활약했다. 1927년에는 영친왕과 왕비(이방자 여사)가 유럽에 갈 때 경호를 담당하여 상해까지 따라갔다. 그것은 임시정부가 상해에서 영친왕을 망명시키려고 한다는 정보가 입수되어 종로서의 미와가 따라갔던 것으로, 영친왕 부부는 상해에서는 육지에 한 발짝도 내리지 못하고 군함에 머물다가 곧바로 홍콩으로 떠났다.

1928년 3월에는 총독부 경무국으로 전보되었다. 미와가 경성의 부호나 귀족과 너무 가까운 교제를 하여 자만심이 크고 상관을 무시하는 태도로 만사를 전횡한다는 의심을 받았기 때문이라고 당시의 동아일보는 전했는데, 그것이 사실인지 알 수 없지만 적어도 이는 미와가 조선의 유명 인사를 대부분 파악하고 관리하고 있다는 증거라 볼 수 있다.

1934년에는 충남 경찰부 고등과장으로 재직하고 1935년에 경시로 승진하여 원산경찰서장 및 함북 고등과장을 지내고 1939년 10월 퇴임했다. 1940~41년에는 총독부 경무국 보안과 촉탁으로 일한 후 해방 전까지 종로 관내의 유지로 활동했다. 1944년 3월 7일 매일신보를 보면, 전시의 결전 태세 확립을 위해 관내 유지에 의해 결성된 '종로총궐기위원회'에 이광수, 여운형, 송진우, 박흥식 등과 함께 이름이 올라가 있다.

악질 형사라는 우리의 선입견과는 달리 『조선신사흥신록』에 나온 그의 소개는 좀 의아스럽다. 물론 흥신록 특성상 나쁜 평은 없지만, 종교는 불교인데 그

것도 선종(禪宗)으로 소개되어 있고 취미 및 특기는, 부인의 취미가 잘못 기재된 게 아닐까 의심스럽지만, 어쨌든 분명 꽃꽂이와 원예(!)로 기록되어 있다. 인물평을 보면 "온후하고 독실한 사람이며 부하에게 인자한 아버지처럼 존경을 받음"이라고 나와 있다. 그의 가족을 살펴보면, 자식은 4남 3녀를 두었는데 1935년 현재, 장남 기요시(1910출생)는 경성상업(서울상대)을 우등으로 졸업(1930)하고 도쿄상대(히토쯔바시대학) 재학, 차남 쓰토무(1911)는 선린상업을 졸업하고 식산은행(산업은행) 근무, 3남 다쿠(1913)는 경성상업을 졸업하고 경성전기(한전) 근무, 딸 게이코(1918)는 경성제일고녀(경기여고) 졸업, 4남(1921)은 경성중학(서울고) 재학으로 자식 농사도 잘 지은 듯하고 본인은 일제의 경찰 행정에 기여한 공로로 여러 번 표창을 받았다.

1921년 2월 27일의 동아일보 휴지통에서 전하는 가십 기사에서, 1919년 9월 강우규 의사가 사이토 총독에게 폭탄 의거를 감행했을 때 오사카마이니치신문 경성지국장 야나구치는 큰 부상을 입고 일본에서 치료

중이었다. 야마구치는 강우규 의사가 처형을 당한 후 자식들이 설움과 주림에 운다는 소식을 듣고 돈 십 원을 전해달라고 종로경찰서로 보냈다. 미와는 이 돈을 강우규의 아들 강중건에게 전달했는데 강중건이 "이러한 사람은 일본사람이 아니라 조선사람이오(조선사람 같소)"라고 말하자 미와는 "일본사람 중에도 이와 같이 좋은 사람이 있다"고 말했다며 근래의 한 '비참한 미담'을 전했다.

1923년, 종로경찰서 폭탄 의거(1월 12일)를 일으킨 김상옥 의사를 잡기 위한 특별수사대의 대장이 바로 미와였다. 포위된 김 의사는 1:1000의 총격전을 벌이고 자결했다. 2년 후인 1925년 1월 22일, 김 의사의 기일에 미와 형사부장과 부하들은 이문리 묘지의 김상옥 의사를 찾아가 명복을 빌었다. 이를 보도한 일본어판 조선신문의 기자는 마지막에 이렇게 썼다.

서로 싸웠던 것은 과거의 꿈 같았다. 한쪽은 민족정신에 맹목적으로 나아갔고, 다른 한쪽은 국가정책의 대방침에 따라 싸워야 했다. 죽음은 모든 죄를 깨끗이 씻어낸다(원문은 일본어, 조선신문, 1925.1.24.).

정치적 목적을 가진 유화성 기사라고 평가할 수 있겠지만, 사실은 사실이다. 이순신, 안중근을 기리는 일본인의 심리를 김상옥 의사의 경우에서도 엿볼 수 있다.

그런가 하면 월남 이상재의 유머를 전하는 글(오리 전택부)에 상대방 역으로 미와가 자주 등장한다. 어느 날 미와는 길에서 월남 이상재를 만났다. "안녕하십니까?" "안녕하이. 잘 있나?" "감기가 좀 들어 불편합니다." 그러자 월남 왈 "그 감기는 총으로도 못 쏘나?" 했다. 또 어느 날, 월남이 세종로를 걸어가는데 미와가 불쑥 튀어나와 "아버지, 어디 가십니까!" 하며 굽실 절했다. 그러자 월남은 "네 이놈, 사람 좀 그만 잡아가!"라며 지팡이를 위로 쳐들었다. 그리고는 껄껄 웃으니 미와도 기에 눌리어 "예, 인젠 안 잡아가겠습니다." 하고서는 사라져버렸다. 마지막으로 월남 선생이 병석에 누워 운명하기 선, 집으로 미와 주임이 문병을 왔다. 가족이 거절하려고 했지만 월남 선생은 괜찮으니 들여보내라고 했다. 머리맡에 앉은 미와에게 월남은 이렇게 말했다. "이 사람아, 기어이 죽는 데까지 따라올 작정인가."

해방 후, 악질 왜경을 응징하기 위해 경찰부에 은밀히 특무대가 10월에 설치되었다. 당연히 미와는 체포 1순위였다. 그러나 이미 시간은 늦었다. 미와는 부산으로 출장(?) 갔다가 해방이 되자 그대로 일본으로 건너가 버렸다고 미와를 담당한 경찰이 대장에게 보고했다.

미와는 월남 선생을 곧 따라가지 못하고 뒤늦게 1968년 1월 이후에나 따라간 것으로 보인다. 나는 도쿄외국어대학 도서관 자료 중에, 미와가 고향 아이치현에서 1968년 1월 도쿄 거주의 김을한(1906~1992)에게 보낸 연하장의 존재를 확인했다. 김을한은 조선일보 기자 때 종로경찰서 담당으로 미와를 알게 된 인연이 있다. 나는 도쿄 거주 일본인 친구에게 열람을 부탁했다. 번역문은 다음과 같다.

1968년 1월 미와 와사부로가
도쿄의 김을한에게 보낸
연하장의 일부

삼가 신년 인사 올립니다. 연하장을 받고 감격했습니다. 더욱 건강히 활약하신다는 소식을 접할 때마다 축복하는 바입니다. 다망하신데 죄송하오나 춘원 이광수 선생의 부인인 여의사 허영숙 선생은 이전에 경성 종로구 창성동 진명여학교 정문 앞에 허영숙 산부인과 원장으로 계셨습니다만 지금 아직 현존하고 계신지요? 또 예구 김객진(불명확) 대선생도 건재하신지요? 아시면 편지 보낼 주소를 알려주시면 감사하겠습니다. 저는 이제 86세가 되어 글자 그대로 모록(耄碌, 늙어 무기력함)했습니다. 이번에도 도쿄 미쓰이 본사에 근무하는 4남이 와서 다시 한 번 도쿄에 오라고 했습니다만 확답을 할 수 없었습니다.

일단 1968년 1월 시점에 생존해 있었고 이후의 자료가 없는 것으로 보아 1968년 사망으로 추정하는데, 사실 확인을 위해 나고야 주소지의 주민센터에 팩스로 문의한 적이 있다. 그러나 개인정보이므로 확인해 줄 수 없다는 회신만 팩스로 받았다.

9. 조선의 소녀들

한복을 입고 망우리에 묻힌 아사카와 다쿠미가 남긴 글 「조선소녀(朝鮮少女)」
를 번역하여 소개한다. 아사카와 다쿠미의 조선에 대한 사랑을 엿볼 수 있다.

공진회(共進會·부업품 전시회)에 20여 일 다니는 사이에 간수(전시장 도우미)인 조선 소녀들과 친해졌다. 내가 나타나면 모여드는 소녀들이 7, 8명 있었다. 대개 15, 16세로 20세가 된 자는 없었다. 고등보통학교를 졸업했거나 중도에서 그만둔 자가 대부분이므로 일본어도 유창했다.

그들은 종종 누세 명씩 모여 일본인 여간수나 수

위에 대한 불평을 토로했다. 실제로 일본인의 태도엔 우리가 보더라도 화가 날 만한 것이 많았다. 일본인 여간수는 대개 나이가 많았다. 그 때문인지 간수 동료이면서도 때때로 조선소녀를 야단쳤다. 수위에게 소녀들의 험담을 하기도 했다. 그럴 때 소녀들의 변명은 거의 받아들여지지 않았다. 소녀들은 분한 마음에 동료끼리 모이면 소곤거렸다. 일본인 사이에 "요보('여보'의 일본식 발음. 조선인의 속칭)는 전혀 도움이 되지 않아"라는 정평이 굳어질 정도가 되었지만 나는 대체로 소녀들의 이야기를 더 이해하는 편이었다.

친해지고 나니 오히려 소녀들이 내게 말을 걸어왔다. 사려 없는 일본인의 태도에 대해 증오를 느끼지 않을 수 없는 일이 많았다. 일본인 여간수는 조선 소녀들보다 대개 연상이지만 교육 정도는 낮은 듯 화장만 잘했지 하등한 생각의 소유자가 많았다. 이런 일도 있었다. 어느 일본인 여간수가 사무원에게 이렇게 말했다.

"저는 이런 곳에서 일하는 것이 싫어요. 진열된 것은 모두 '요보' 것뿐이잖아요. 좀 더 아름다운 것이 진열된 곳으로 보내주세요. '요보'가 와서는 이거 파는 거냐, 얼마냐 하며 말을 걸거든요. 정말 귀찮아요."

이런 교양 없는 여자가 부업품 공진회의 간수이니 한심한 일이다. 이런 예는 적지 않다. 본래 간수라든지 수위, 순사, 소방관은 말하자면 번인(番人·지키는 사람)인데 그 번인이 너무 많다. 관내에 들어가면 기분이 나빠진다. 물건을 빼곡히 늘어놓고 도둑과 불량배 때문에 망을 보는 것이라는 느낌을 노골적으로 드러낸다. 여간수 등은 관람자를 위해 편의를 도모하고 매매계약이라든지 간단한 설명 정도는 당연히 알고 있어야 하는 데도 질문을 받으니 귀찮다거나 조선인이니까 싫다는 둥 그런 말을 하는 것은 당치도 않다. 이런 자들이니 조선소녀를 못살게 구는 것도 이상한 일이 아니다.

조선의 소녀들은 공진회가 끝나면 한번 청량리(다쿠미의 집)로 놀러 오겠다고 했다. 나는 공진회에 갈 때마다 무료하게 앉아 있던 의자에서 일어나 웃는 얼굴로 다가오는 그들을 보는 게 매우 즐거웠다. 심사 업무로 다니는 동안에도 그들을 만나는 일과 도자기와 생활용품 진열대를 보는 것은 매일 거르지 않았다.

때때로 잣과 피스(그린피스, 청완두)를 주면 좋아했다. 그들도 누에콩 볶은 것이나 생밤 같은 것을 주머니에서 꺼내 주었다. 내 눈으로 보면 일본인이 으스대는 이유를 도저히 이해할 수 없다.

오늘 저녁 삼복이가 경성에서 돌아오는 길에 공진회에서 일하던 조선 소녀들과 만난 이야기를 해줬다. 그들은 자동차를 타고 청량리 방면에서 경성으로 돌아가는 길이었다고 한다. 나는 그제야 생각이 났다. 그녀들이 천장절(天長節·천황의 생일로 당시는 8월 1일)인가 일요일에 놀러 올 테니 전차 종점에 마중 나와달라고 부탁한 것을.

오늘은 미술관(조선민족미술관) 물품의 정리와 편지를 쓰면서 종일 시간을 보냈기 때문에 전찻길에 나가는 것을 깜빡 잊고 말았다. 그들이 꽤 헤맸으리라 생각하니 너무 미안한 마음이 들었다. 그러나 관청의 운전수가 배려해주어 자동차에 태워 보내준 것으로 보여

안심했다. 그들에겐 자동차를 타는 것이 청량리에 오고 싶은 주요한 바람이기도 했을 것이다. 그러나 비구니절(청량사)의 식사라도 대접해 마음껏 기염을 올리게 해주었다면 얼마나 기뻐하고 신기해했을 것인가.

다음 공진회를 하게 된다면 진열이나 기타 방법상의 연구는 물론이고 직원의 훈련부터 신경 써야 할 것이라고 절실히 생각한다.

저녁에 오(상순), 염(상섭), 변(영로) 삼군(三君)이 와서 음악회에 관한 협의를 했다 …. (1923.9)

° 원문 출처 : 浅川巧 著/高崎宗司 編,『朝鮮民芸論集』, 岩波書店, 2003.

10. 누가 소파 방정환의 묘를
　　　디자인했을까

소파 방정환(1899~1931)은 별세 후에 홍제동 납골당에 안치되었다가 1936년 망우리로 왔다. 함께 《어린이》 잡지를 만든 후배 최신복(1906~1945)과 윤석중이 총무를 맡아 망우리 묘의 조성에 앞장섰다. 최신복은 수원에 선산이 있음에도 불구하고 자신의 부모를 소파 바로 아래에 모셨고, 자신도 훗날 아내와 함께 부모님 아래로 왔다.

　그런데 소파의 묘는 흔히 보는 봉분이 아니라 돌무덤이다. 아래 기반은 쑥돌로 쌓고, 위에 네모난 흰색 비석이 놓여 있다. 비석 앞면 위에 위창 오세창의 글씨로

'童心如仙(동심여선, 어린이의 마음은 신선과 같다), 어린이의 동무, 小波方定煥之墓(소파방정환지묘)'라고 새겨지고 뒷면에는 '이들무동'이라고 오른쪽에서 왼쪽으로 읽는 방향으로 새겨졌다. 동무들이 돈을 모아 묘를 조성했다는 말이다.

묘라면 당연히 흙으로 봉분을 만들던 시절, 예술가의 상상력에 바탕을 두지 않았다면 이런 식의 모양은 나오지 않았을 것이다. 나는 예술적으로 뛰어난 소파의 묘를 볼 때마다 과연 누가 이것을 만들었을지 매우 궁금했다. 소파의 손자에게도 물어보았지만, 만든 이에 관해서는 전혀 들은 바가 없다고 했고, 그동안 찾아본 자료 어디에도 만든 이의 이름을 발견할 수 없었는데, 최근 옛날 기사를 꼼꼼히 살피다가 단서를 발견했다.

1936년 5월 3일자 조선일보에 '어린이날의 창시자 고 방정환 씨 기념비'라는 기사에 "… 오는 7월 23일 5주기 기일에 세우고자 씨의 친지와 어린이 관계자들이 이번 어린이날을 기회하여 발기했는바 … 조선중앙일보 출판부 내 최영주(최신복), 윤석중 양씨에게 헌금을 보내주기 바란다"고 하고, 발기인으로 김동환, 손진태, 설의식, 박팔양, 안석주, 이태준, 이은상, 정인섭, 현진건 등 27인의 이름을 밝혔는데 여기에 김복진(金復鎭)의 이름이 들어 있다.

김복진(1901~1940)은 1928년 4차 공산당사건으로 검거되어 1934년 2월 출소하고 다시 12월 '신건설사' 사건으로 체포되었다가 무혐의로 1935년 2월 출소했다. 미술연구소를 하는 동시에 조선중앙일보에 입사하고, 동년 5월 퇴직한 이태준(소설가)의 뒤를 이어 학예부장을 맡았다. 김복진은 1935년 조선중앙일보가 독자에게 줄 메달을 디자인하기도 했으니 신문사의 일에 조각가로서의 재능을 발휘했다. 김복진 외로 조선중앙일보는 사회부장 박팔양, 출판부의 최신복과 윤석중이 기념비 건립에 앞장섰고 제막식 기사도 다른 신문사보다 크게 다뤘다. 같은 신문 1936년 7월 24일 기사에 실린 사진을 보면 묘의 원형이 지금도 그대로 보존되어 있음을 알 수 있다.

김복진은 두 살 위인 소파와 친한 사이였다. 김복진이 1940년 잡지 《조광》에 연재했던 〈조각생활 20년기〉에 "…하숙에 돌아와서는 그래도 배운 버릇을 놓을 수가 없는지라 연극 구경에 분주하게 다니게 되는데 소파 방정환 형과 박승희(극작가) 형과는 이 통에 알게 되었던 것입니다"라며 소파와의 교우 관계를 밝혔다.

김복진은 동경미술학교 재학 중인 1924년 제국미술전람회에 입선한 한국 최초의 조각가로 각광을 받았다. 그러나 조선중앙일보는 사장 여운형을 비롯하여 사회주의자가 많았고, 김복진은 카프(1925)의 발기인이자 조선공산당원이었다. 부인 허하백도 좌익 활동으로 6·25 때 월북했거나 타살되었다고 전한다. 그렇다면 소파의 명예를 지키기 위해 아무도 기념비의 제작자 이름을 말하지 않았고 기록조차 남기지 않았을 가능성이 크다.

지금도 그 여파가 남아 있음을 볼 수 있다. 김복진은 1935년 김활란, 현제명 등 저명인사의 백인상(百人像)을 연이어 만들었다. 1938년 3월 제자 이국전이 도산 안창호의 데드마스크를 떴는데(후에 일경이 압수), 도산 서거 전 김복진과 이국전이 도산과 함께 찍은 사진이 도산기념사업회 사이트에 올라가 있다. 그런데 여기서도 김복진은 김복형(도산의 비서)으로 잘못 소개되어 있다. 서대문형무소 수형카드의 사진과 비교하면 김복진 얼굴이 맞다. 강력한 증언자가 될 제자 이국전은 6·25 때 월북해 버렸다.

김복진은 1993년에야 건국훈장 애국장 서훈을 받았다. 생전 40여 점의 작품을 만들었다고 하는데 6·25를 거치며 모두 사라지고, 금산사 미륵대불(1936)이 유일한 작품이라고 한다. 하지만 이것은 소실된 원형의 복원 작업이라 현대 조각이라고는 할 수 없다. 그렇다면 소파의 묘는 지금 우리가 볼 수 있는, 한국 최초의 (현대) 조각가 김복진의 유일한 작품이 아닐까? 더구나 김복진은 '서도(書道)는 조각의 어머니'라며 위창의 전각이 가진 조형미를 높이 평가했는데, 바로 그 위창의 글씨가 비석에 새겨져 있으니, 고인 소파와 만든 이 김복진, 글씨를 쓴 위창의 관계까지 고려하면 비석의 문화

유산적 가치는 더욱 높아진다.

참고로 망우리공원에는 김복진의 뒤를 이은 조각가로 꼽히는 권진규(1922~1973)가 영면하고 있으며, 화가 이중섭의 묘비는 후배 조각가 차근호(1925~1060)가 만들었고, 13도창의군탑은 김영중(1926~2006)이 설계했다. 또한, 이곳에는 화가 이인성, 서화가 오세창의 묘도 있으니, 망우리공원은 우리 근대 미술의 선구자들이 모여 있으며, 또한 그들이 생전에 맺은 다양한 인연이 함께 모인 우리 근대문화의 거대한 야외박물관이라고 할 수 있다.

11. 은파리, 다시 날아오르다

- Super Power #SP-1925-1, 완독, ON-

나는 은파리, 흰 파도가 밀려오는 바닷가 마을 은파리(銀波里)가 아니라, 곱게 반짝이는 은빛 옷을 입은 멋진 파리, 은파리(Silver Fly)이다. 나의 눈은 샛별 같은 천리안이고 나의 몸은 총알보다 빠르며 남에게 보이지 않는 투명화 능력과 그 밖의 많은 초능력을 가지고 있다.

나는 소파 방정환 선생님이 만들어주셔서 1921년 1월《개벽》잡지를 통해 세상에 처음 나왔다.《개벽》

폐간 후에는 《신여성》에 나왔는데 이 잡지도 폐간되어 — 아, 참으로 어려웠던 시절 — 다시 《별건곤》에 출연했다. 이렇게 세상에 소개된 것만 모두 15회?

소파 선생님과 함께 친일파 부호 문 대감의 추잡한 사생활과 위선자인 사회 지도층 인사의 실상을 고발하는 등 당대 사회상을 풍자했고, 때로는 흥미진진한 가십거리를 전해주기도 했다. 돌이켜보면 참으로 보람찬 나날이었다. 얼마나 시원하게 독자의 마음을 대변해 주었던지, 일경의 검열에 걸려 어느 달 내가 등장하지 않으면 독자들의 원성이 빗발쳐서 편집자는 죄송하다는 사과문을 내야 했다.

그러다가 종로경찰서로부터 소파 선생님은 불령선인으로, 나는 불령파리로 낙인이 찍혀 계속 감시를 받다가 결국 출연 금지 처분을 받았으니 《별건곤》 1927년 3월호가 나의 마지막 등장 무대가 되었다. 여러분은 소파 선생님이 아동문학 글만 쓰신 줄 아는데, 오히려 사회주의자로 오해받을 만큼 사회 개혁을 부르짖은 진보적인 문필가이기도 하다.

그런데 아! 안타깝게도 소파 선생님은 자신의 몸도 돌보지 못하시고 불철주야 어린이를 위해 헌신하시다가 32세의 젊은 나이로 돌아가셨다. 병석에서 돌아가시는 그 순간에도 "문밖에 검정말이 모는 검정 마차가 날 데리러 왔소. 어린이를 잘 부탁하오"라는 말을 남기시고 떠나가시던 1931년 7월 23일의 그 장면이 지금도 눈에 선하다.

선생님이 돌아가신 후, 나날이 심해져 가는 일제의 탄압으로 소파 선생님과 함께했던 시절의 재미도 보람도 찾지 못해, 그 누구의 부름에도 응하지 않고 오로지 선생님을 그리워하는 나날을 보내다가 나는 세상에서 조용히 자취를 감추었다.

망우리묘지 소파 선생님 묘 아래에는 선생님과 함께 《어린이》를 만들던 후배 최영주 선생님이 자신의 부모와 함께 나란히 묻혀 있는데 최영주 선생님만 그런 게 아니라, 사실은 나도 그동안 소파 선생님 묘 옆에서 오랜 잠을 자고 있었다. 남들은 내가 죽은 줄 알지만 그렇지 않다. 애초 내가 소파 신생님에 의해 태어났듯,

나는 그 누구의 부름에 따라 잠을 깨고 다시 글을 통해 소생하는 존재이다.

하지만 예전에도 그랬듯 아무나 나를 부른다고 함부로 나서지는 않는다. 진정으로 선생님을 존경하고 선생님을 기리는 사람의 부름에는 내 잠시 잠을 깨고 등장해 줄 마음은 늘 있었다. 누구의 시더라? "내가 그의 이름을 불러 주기 전에는 그는 다만 하나의 몸짓에 지나지 않았다…." 아, 김춘수 시인의 〈꽃〉이었군. 나는 이렇게 바꿔보겠다. "누가 내 이름을 불러주기 전에 나는 다만 하나의 냄새 나는 똥파리에 지나지 않았다. 누가 내 이름을 불러주었을 때 나는 그에게로 가서 빛나는 은파리가 되었다."

나를 불러 준 사람은 이 글을 쓴 사람인데 '몽중인(夢中人)'이라고 한다. 감히 소파 선생님 필명을 빌려 쓰다니. 하지만 그 또한 꿈이 많은, 꿈을 꾸는 사람이라고 한다. 몽중인 씨는 오래전부터 소파 선생님 묘에 꾸준히 찾아오던 사람이라 나와 잘 아는 사이. 1990년에는 소파 선생님의 독립지사 애국장 서훈 소식도 알려

줬고 2017년 10월 23일에는 소파 선생님 묘역이 문화재청에 의해 국가의 등록문화재로 등재된 소식도 알려주었다.

그가 며칠 전에 찾아와 나를 깨우더니 내가 소파 선생님을 위해 능력을 발휘할 중요한 일이 있다고 전했다. 그래? 선생님을 위하는 일에 내가 잠만 자고 있을 수는 없지.

"중요한 그 일이란 도대체 뭐요?"

"아, 예. 그건 나중에 차차 말씀드리겠고 그전에 먼저, 은파리 씨는 잘 아시죠? 소파 방정환 선생님이 얼마나 훌륭한 업적을 남기셨는지 …"

"그야, 다들 아는 사실 아니겠소? 옛날에는 어린이라는 호칭이 없었다오. 어린이는 어른에게 종속되어 존재감이 전혀 없었지. 그런 시절에 소파 선생님이 '늙은이', '젊은이'처럼 '어린이'라는 호칭을 1920년에 처음 만드시고 1922년에는 어린이날을 만드셨소. 그리고 1923년에 소파 선생님은 도쿄에서 친구들과 어린이 운동을 위한 단체 '색동회'를 만들어 다양한 활동을 펼치기 시작하셨는데, 그해에 만든 《어린이》라는 잡지는 당대의 베스트셀러로 최고 10만의 독자를 자랑하며 어린이들에게 꿈과 희망을 심어 주었소. 즉 선생님은 암울했던 일제강점기에 어린이 운동을 통해 독립운동을 하셨던 거라오."

몽중인 씨는 잠자코 말을 듣고 있다. 그의 뇌 속을 들여다보니 몽중인 씨는 나를 통해 자신의 혼란스러운 데이터를 정리하고 있었다. 질문을 던져 당황스럽게 만들어 버릴까? 그냥 말을 잇기로 한다.

"그리고 잡지《어린이》를 통해 지금 우리가 부르는 많은 동요를 만들어 주셨는데, 우선, 〈오빠 생각〉이랑 〈고향의 봄〉이라는 노래 생각나오? 이 두 노래의 작사가 최순애와 이원수 어린이는 《어린이》 잡지를 통해 펜팔을 나누다가 훗날 부부가 되었다는 소식도 들립디다. 인연도 참, 허허. 그리고 윤극영 선생의 〈설날〉과 〈반달〉이 있고, 그밖에 〈고드름〉, 〈따오기〉, 〈오뚜기〉 등등, 많은 노래가 바로《어린이》 잡지를 통해 만들어졌소. 그리고 또 …"

"아, 네. 근데 이제 그만 하시죠. 저도 잘 아는 사실이니 굳이 설명을 듣자고 한 게 아니라, 은파리 씨 오랜만에 얼어붙은 입 좀 푸시라고 그냥 듣고 있었습니다."

흠, 나는 다소 마음의 상처를 받고 몽중인 씨의 뇌를 다시 들여다보았다. 지식인에게 종종 보이는 자만의 세포가 십만 개쯤 보였다. 박학다식을 자랑하는 사람의 특성상, 남의 말에 감동하는 표정을 잘 보이지 않고 그것쯤 자신도 이미 알고 있다는 가면을 쓴다. 하지만 몽중인 씨는 착한 사람인 듯하니 옥에 티라고 용서해 주기로 한다. 입을 다물고 몽중인 씨의 말을 기다렸다.

"그 중요한 일을 은파리 씨가 하셔야 하는데, 먼저 지금 사람들이 소파 선생님을 어떻게 대우하고 있는지, 그동안 소파 선생님에 대해 어느 정도의 기념사업이 있는지 실상을 보여 드려야 할 것 같습니다. 몸도 굳으셨을 테니 산책도 할 겸 잠시 저를 따라나서시죠."

96년만인가? 정말 오랜만의 외출이다. 나 혼자 축지법으로 날아갈 수도 있지만 시내가 영 딴판으로 바뀌어서 어디가 어딘지 알 수 없다. 몽중인 씨 어깨에 올라타 버스를 타고 택시를 타고 경성(지금은 서울이라고?) 시내를 둘러보았다.

선생님이 1899년에 태어난 야주개(당주동) 집에 가 보니 지금은 세종문화회관이라는 건물 뒤편에 '소파 방정환 선생 나신 곳'이라는 기념비만 서 있고, 선생님이 돌아가시기 전에 살던 집(소격동)도 칼국수집의 표지판 하나가 집터였음을 알리고 있다. 아, 선생님을 생각하고 느낄 수 있는 곳은 어디에 있단 말인가. 날이 저물기 시작하여 망우리로 돌아오는 길에 몽중인 씨는 이렇게 말했다.

"선생님의 흔적은 다 사라졌습니다. 색동회 동료 윤극영(1903~1988) 선생님의 수유동 집은 서울미래유산 1호로 남아 있는데 소파 선생님은 일찍 돌아가시는 바람에 …. 그리고 은파리 씨 시절에는 없었지만 요즘 어린이들은 체험학습이란 것을 합니다. 박물관, 미술관, 기념관 등에 자주 가죠. 그런데 말입니다. 안중근 의사 기념관, 윤봉길 의사 기념관 등 많은 독립지사와 문화인사의 기념관은 여기저기 있는데, 소파 선생님의 기념관은 아직 어디에도 없습니다."

"그럴 리가?!" 나는 충격에 휩싸여 순간 말이 막혔다.

"능동 어린이대공원에 동상이 있고 독립기념관에 어록비가 있는 정도입니다. 위인의 기념관은 주로 어린이가 많이 찾는데, 정작 영원한 '어린이의 동무'인 소파 선생님의 기념관은 아직 어디에도 없습니다. 독립운동가, 문학가, 동화구연가, 언론인, 출판인, 교육자, 문화기획자 등 다방면으로 분골쇄신한 소파 선생님이신데 말이죠 …."

"그리고 아직 영화 한 편도 만화영화, 아, 요즘은 애니메이션이라고 하는데, 애니메이션도 하나 없습니다."

나는 참으로 어이가 없었다. 우리나라의 소파 선생님에 대한 대우가 이 정도밖에 되지 않는가? 나는 눈물이 앞을 가렸다.

"그래서 말입니다. 아무래도 은파리 씨가 다시 적극적으로 초능력을 발휘해 활동해 주셔야겠습니다. 그냥 과거와 같은 방식은 한계가 있고 요즘 우리 어린 세대에게 먹힐 수 있는 애니메이션을 하나 만들게 하여 주인공으로 출연하시죠. 그게 기폭제가 되어 …"

아, 나의 할 일이란 바로 이것인가. 당분간 바쁘겠는걸. 관계자들을 찾아가 눈앞에서 날개를 퍼덕여 모티베이션을 집어넣고, 나아가 행동의 추진력을 불러일으키는 일. 백여 년간 쓰지 않고 축적한 나의 초능력을 모두 발휘해야지.

"잘 알겠소, 그쯤이야 대수롭지 않소. 아 참, 소파 선생님께서 생전에 '은파리 송덕비'도 세워 주신다고 했는데, 내가 이 일을 무사히 완성하고 마침내 소파 기념관이 세워지는 그 날, 기념관 뒤뜰에 작은 송덕비 하나 세워 주시길. 내 거기 들어가 잠들어 다시 부를 날을 기다리겠소."

나는 우선 몽중인 씨가 나를 소개하는 이 글에 독자의 마음을 움직일 수 있는 초능력 하나를 심어 주기로 약속하고 망우리로 돌아왔다.

- Super Power #SP-1925-7, 감동, ON-

° 소파 방정환의 글에 은파리가 화자로 자주 등장한다. 현대에 부활시킨 초능력의 은파리를 통해 소파의 삶을 되돌아보는 위 글은 기존 방정환 관련 사료에 필자의 상상력을 덧입혀 창작한 글임을 밝혀 둔다.

2부

사잇길에서
얻은 깨달음

1. 다시 찾은 '망우'의 참뜻

태조 이성계가 무학대사와 함께 지금의 건원릉(동구릉 내)에 자신의 묏자리를 정하고 돌아오는 길에 고개에서 다시 묏자리를 내려다보며 "이제야 근심을 잊겠구나" 하여 망우고개(망우현, 망우령)가 되었고 아랫마을이 망우리가 되었다.

이와는 별도로 의령 남씨 가문에서는 개국공신 남재와 관련하여 '태조망우령가행도'라는 그림과 함께 '망우'의 전설이 내려오고 있다. 즉 건원릉 그 자리는 원래 남재가 점지한 자리이고 지금의 별내동 남재 묘역이 태조의 자리인데 태조가 땅을 둘러보고 서로 바꿨다.

그러자 왕릉 예정지였던 자리에 불경스럽게 어찌 자신이 묘를 쓸 수 있겠느냐는 말에 태조가 불망기를 써주며 근심을 잊으라고 했다고 한다.

그밖에 망우리는 훗날에 만들어진 이야기라는 주장도 있었지만, 보기 드문 동(洞) 단위의 지방지『망우동지』(1630 혹은 1760, 서울시 유형문화재 2010)가 1995년 망우동 동래 정씨 후손의 기증으로 세상에 드러나 태조의 망우리 전설은 더욱 힘을 얻게 되었다.

태조의 근심은 자신이 잠들 묏자리의 확보였다. 묏자리가 좋아야 대대손손 나라가 이어질 수 있다는 당시의 풍수적인 믿음에서였다. 그래서 아랫동네 사람들은 '망우'가 임금님이 하사한 영예로운 이름이라 하여 긍지를 갖고 살았다.

대개 지명은 지형지물이나 동서남북의 방향을 나타내는 말을 넣어 지어진다. 전국 어디에서도 이처럼 역사성 깊고 철학적인 지명은 찾기 어렵다. 그리고 조선 중기부터는 지금의 면목동(마장)을 제외하고 중랑구 지역 전체가 면(面)으로 되었을 때도 망우면이라 하지 않고 역사성을 품은 망우리를 그대로 보존하여 '망우리면'이라 했다. 동육릉 시절(1700년대)의 지도에도 망우리면이라 표기되어 있다. 청량리가 청량리동이 된 것과 같다. 영예로운 의미의 망우였다.

그러나 조선총독부는 1914년 행정구역을 개편하면서 구지면의 '구'와 망우리면의 '리'를 떼서 구리면을 만들고 '면'을 뗀 망우리를 구리면 아래로 격하시켜 넣어버렸다. 지역의 인구를 보나 역사성으로 보나 그 반대가 마땅했다. 그리고 1933년에 경성부립공동묘지를 조성했다. 조선시대에는 왕릉 10리 내에는 어떤 묘도 들어서지 못하게 했음에도, 왕릉 가까운 이곳에 공동묘지를 조성함으로써 '죽은 조선(잃어버린 땅과 얼)'을 다시 절감케 했다. 두 가지 모두 조선이 망했기에 저질러진 일이었다.

경치가 좋은 배산임수의 명당인지라 많은 시민이 다른 곳보다 망우리를 선호했다. 1973년 만장 시에는 약 4만 7천 기가 산을 빼곡히 덮었다. 그럼으로써 이곳은 고인이 근심을 잊고 잠든 동네가 되었고 죽음의 대명사가 되었다. 매일 곡소리와 선소리와 빗돌을 쪼는 정 소리가 울려 퍼지는 장소, 망우는 죽음의 의미가 되었다.

그러나 세상이 바뀌었다. 태조의 망우는 물론이고 그 이상의 인문학적 의미를 품고 망우가 새로 태어났다. 조선 건국의 망우에서 죽음의 망우를 거쳐 이제는 삶의 망우이다. 인문학공원에서의 체험을 통한 치유, 사색, 성찰, 힐링의 망우이다. 인문학은 망우하기 위함이다. 망우의 우(憂)는 각종 근심, 불안, 회의, 슬픔, 우울, 분노 등의 마이너스적인 모든 정신의 상태를 말한다. 마이너스가 되는 바이러스를 제거하기 위해서는 독서, 운동, 종교 활동 등 저마다의 방식을 통한 지속적인 수행이 필요하다. 망우는 일순간에 노력 없이 거저 얻어지는 것이 아니다. 망우리공원에 계신 백여 명의 근현대 선구자의 묘를 찾아 인사를 드리고 비문을 읽고, 이따금 마주치는 서민의 비명도 읽으며 공원을 한 바퀴 돌아오면, 우리는 자신도 모르게 근심 하나를 잊고 망우하게 된다.

조선시대 망우리에 실던 신옥(申沃)이라는 선비도

망우의 의미를 되살리자며 1741년 아래와 같이 말했다. 그냥 가만히 놔두면 세상은 윤리가 무너지고 각박해지기 마련이다. 그때마다 다시 사람의 정신을 순화시키고 가다듬는 일을 해야 한다. 세상에 인문학이 필요한 이유이고, 이 책을 굳이 세상에 내보내는 이유이다.

> 태조의 망우는 만세의 왕릉을 정한 것
> 聖祖忘憂 仙寢萬世
> 우리 마을의 망우는 만세의 미풍이로다
> 吳里忘憂 美俗萬世
> 망우리여 망우리여
> 忘憂里 忘憂里
> 원릉과 만세토록 함께 하리니
> 與園陵萬萬世兮
> 망우리라 우리 마을 어찌 즐겁지 않으리
> 忘憂里也 豈不樂哉

° 출처: 『망우동지』(번역본), 서울역사박물관, 2003.

2. 낙이망우, 즐김으로써 근심을 잊다

2013년 중랑문화연구소(이사장 남화창) 이수종 이사의 전화를 받았다. 함께 망우리공원을 비롯한 중랑의 문화 발전을 위해 일하자는 제안에 나는 기꺼이 참여했다. 망우리공원 관련 공청회도 열고 망우인문학아카데미도 2회에 걸쳐 진행했다. 지금은 연구소가 활동을 하고 있지 않지만, 중랑구에서 가장 먼저 연락을 해 준 이수종 선생에게는 고마운 마음을 갖고 있다.

그때, 연구소에서는 격주 토요일 오전에 조운찬 경향신문 기자의 지도하에 함께 『논어』를 읽었는데, 나는 『논어』 속의 '낙이망우'를 처음 접했다.

「술이편」 제18장에 이렇게 나온다. "發憤忘食 樂以忘憂 不知老之將至云爾(발분망식, 낙이망우, 부지노지장지운이)." (학문에) 열중하면 끼니도 잊고, (道를) 즐기면 근심을 잊어, 늙음이 닥쳐오는 것도 알지 못한다는 뜻이다.

전설로 내려오는 태조의 망우리 외로 '망우'는 『논어』에서도 근거를 찾게 되었다. 옛날의 선비에게 '낙이망우'는 상식이었다. 『망우동지』를 보면, 망우리 사는 남종백의 호가 낙이당(樂以堂)이었고, 1742년에 남치관은 이렇게 썼다.

> 망우동이라는 이름을 하사받은 이래로 지금까지 300여 년이 흘렀다. … 망우는 다르지만 잊었다는 것은 동일하다. 군자가 즐겁게 망우하는 것이 도를 즐기는 것(樂以忘憂 君子之所以樂道也)이니, 선조들이 우리 마을에서 망우한 데에도 분명 망우할 만한 것이 있었을 것이다.

그 후, 2014년 서울시의 망우리공원 인문학길 용역보고서에 나는 '사잇길'의 안내문 마지막에 낙이망우를 넣었고, 2015년 신축된 망우본동 복합청사 출입문의 위 창에 '낙이망우(樂以忘憂)'가 새겨지게 되었으며, 관리사무소 자리에 2022년 4월 준공된 건물, 중랑망우공간도 설계공모 시에 '낙이망우'의 명칭으로 당선되었다. 망우리고개에 2016년 말에 완성된 교량(연육교)에도 '낙이망우교'라는 이름이 붙었다.

그런데, 교량의 낙이망우 로고 밑에 "근심을 잊어 즐거운 낙이망우"라고 적힌 로고가 한동안 붙어 있었다. 이렇게 해석해 놓은 책도 있으니 틀렸다고는 할 수 없다. 그러나 이대로는 망우인문학의 높은 수준에는 미치지 못한다. 앞뒤 순서를 바꿔 해석해야 한다. 낙이망우는 "근심을 잊어 즐거운" 것이 아니라, "즐김으로써 근심을 잊는다"는 말이다.

우리는 요즘 '즐기다'는 말을 많이 쓴다. 운동선수도 인터뷰에서 "시합을 즐기겠다"는 말을 자주 한다. 즐김은 가장 높은 경지의 실력 발휘인데 즐김은 부단한 훈련을 통해 얻어지는 경지이다. '즐기다'의 사용법은 영어의 'enjoy'에서 온 것으로 보인다. 인터넷 사전 'enjoy' 항목에 이런 예문이 나온다. "If you enjoy something, you find pleasure and satisfaction in doing it or experiencing it. (즐김으로써, 그것을 수행하거나 체험하는 동안에 기쁨과 만족을 얻는다)"

서양도 이러하지만 까마득한 옛날부터 동양에서는 이미 즐긴다는 것을 가장 높은 경지로 쳤다. 공부를 하면 知(지)가 생기고 그것을 좋아(好)하게 되어 마침내 끼니도 잊을 정도로 즐기는(樂) 경지에 이르면 깨달음을 얻어 근심을 잊게 된다.

이성계는 근심의 원인이었던 묏자리를 점지했기에 비로소 근심을 잊을 수 있었다. 잊고 싶어도 근심은 저절로 잊히지 않는다. 이성계는 장지를 찾아 돌아다니는 노력을 하고 마침내 장지를 찾았기에 망우했다. 즉 망우라는 것은 부단한 수련, 독서나 명상 등의 행위를 거듭함으로써 어느 날 비로소 깨달음을 통해 얻어지는 것이다.

망우리공원은 고인의 유택에 올라와 비명을 통해 그들의 이야기를 듣고 그들의 삶을 생각하고 지금의 나를 돌아보는 체험(樂)으로써(以) 깨달음을 얻어 비로소 속세의 근심을 잊는(忘憂), 낙이망우의 장소이다.

3. 일본의
   묘지 참배 문화

최근 망우리가 인문학의 현장으로 주목받는 이유를 가까운 일본의 사례에서 찾아본다.

일본에서의 묘지 참배 취미의 역사는 에도시대(1603~1867)까지 거슬러 올라간다. 당시 상공업의 발전은 문화 융성의 기반이 되었다. 연극과 그림, 문학 등 다양한 문화가 꽃을 피웠다. 유곽 문화도 번성했지만, 역사 인물의 묘를 찾는 고급문화도 생겼다. 문화란 상하좌우가 동시에 확대되면서 둥근 원형으로 발전하는 것이다.

일본은 비석이 곧 묘다. 예를 들어 '야마모토씨대

대지묘'라고 써 놓은 비석 아래에 고인의 뼈 항아리를 차곡차곡 추가한다. 물론 가족이 없거나 유명인은 개인 묘를 만들기도 한다. 지배계급의 묘가 고분의 형태로 남아 있듯 옛날에는 봉분 모양이었다가 에도시대부터 지금 같은 묘의 형태로 변화되었다. 막부는 모든 국민을 어딘가의 절(寺)에 소속하게 했고 묘도 그 절의 부속지에 만들도록 했다. 에도 초기에는 1인 1기였으나 점차 토지가 부족해지자 가족묘가 주류를 이루게 되었다. 뼈 항아리만 추가하면 되기에 때로는 가족 없는 친지를 합장해 주는 예도 있다. 메이지(1867) 시대부터는 절과 관계없는 공영 묘지가 조성되기 시작했고, 귀족계급에서만 행해지던 화장이 서민까지 일반화되었다.

망우리에는 총독부 초대산림과장 사이토 오토사쿠의 묘가 일본식이다. 그리고 일제강점기 말에 조성된 한국인의 묘도 일본식을 따른 것이 몇 개 보인다.

따라서 일본인은 벌초를 하는 것이 아니라 비석의 이끼를 제거하려고 물로 닦는다. 그 작업을 이끼를 닦는다는 뜻의 소태(掃苔)라고 하는데, 이는 유명인의 묘를 찾아다니는 취미까지 포함한다. 그런 사람을 '소태가'라고 하고 그 기록을 '소태기', '소태록'이라고 한다. 에도시대에도 관련 책이 출간되었고, 근대에 들어와서는 후지나미 가즈코(1888~1979)라는 여성이 1940년에 간행한 『동경소태록』이 593사(寺)/2477명을 수록하고 이후 계속 개정판이 나온 명저로 꼽힌다. 저자의 남편 후지나미 고이치는 의학자인데 소태 동호인 단체 '동경 명묘 현창회'를 설립할 정도의 애호가였다.

또 다른 근대의 저명한 소태가로 소설가 모리 오가이, 나가이 가후 등이 있다. 묘를 찾는 사람의 심성은 시대와 국가를 넘어서서 통하는 것일까. 대학에서 일본문학을 전공한 내가 문학취미로 처음으로 출간한 번역서가 모리 오가이의 『기러기』(2006)였다. 담담하게 억제된 간결하고 명징한 문체가 매우 마음에 들었고, 사생활의 면에서 군인으로 성공한 동시에 문학에서도 큰 자취를 남긴 점이 내 삶의 지향과 비슷하여 가장 좋아하는 일본 작가다.

나가이 가후는 에도시대의 유곽 등 사라져가는 도쿄의 옛 정취를 즐겨 찾으며 많은 글을 남겼다. 요즘의 골목길 기행 같은 느낌의 글이다. 나도 옛날부터 서울의 골목길을 자주 돌아다녔다. 망우리 책을 낸 후, 골목길 등으로 눈을 돌리려고 했지만, 망우리가 계속 커나가는 바람에 진전시키지 못했다. 두 작가와 나의 공통점은 사람을 느낄 수 있는 옛 정취를 즐겨 찾는다는 점이다.

현대 일본에서는 역사인물의 묘를 순례, 참배하는 사람을 '하카 마이라 (墓マイラ-)'라고 부른다. '하카'는 묘, '마이라'는 참배의 의미인 '마이리(參り)'에 영어 er을 붙여 만든 조어인데 일본인은 'ㅓ' 발음이 어려워 '마이라'라고 발음한다. 일본의 『현대용어의 기초지식 2010년판』에 신어로 등록되어 있다.

묘지 순례가 하나의 문화로 정착된 일본에서는 관련 서적이 십여 권 이상 나와 있는데 제목으로 핵심을 찔러주는 몇 권을 소개한다.

『마음이 강해지는 묘지 참배의 힘』

묘지 참배를 통해 연애, 인간관계, 가정폭력, 돈의 고민 등 삶의 어려움을 해결할 수 있다는 내용을 담았다.

『心が強くなるお墓参りのチカラ』(矢田敏起, 経済界, 2012).

『전국 묘지 참배 가이드』

막부 말기에서 메이지 시대에 걸쳐 활약한 위인들의 묘지 참배를 통해 위대한 정신을 접한다는 내용이다. 위인들의 묘지 소개와 위인에 관한 이야기 및 역사적 배경 주변 정보 등을 소개한다.

『全国お墓マイルガイド』(ダイアプレス, 2010).

『성공하는 사람은 왜 묘지 참배를 빠뜨리지 않는가』

운이 좋은 사람과 나쁜 사람의 차이는 보이지 않는 세계와 자신과의 균형을 맞추는 데 있다며 묘지 참배를 통해 장기적인 성공을 얻는 방법을 소개한다.

『成功する人は、なぜ、墓参りを欠かさないのか?』(千田琢哉, 総合法令出版, 2017).

4. 현충원과 망우리공원의 차이

국립서울현충원은 1955년 국군묘지로 창설되었다가 1965년 국립묘지로 승격되어 국가원수, 애국지사, 순국선열 등이 추가 안장되었고, 만장된 1986년 이후는 대전현충원에 모시고 있다. 애국지사의 유족을 포함해 국민 대다수가 살기 어려웠던 시절, 망우리를 비롯한 공동묘지는 임시로 모시는 가묘라는 인식이 있어 전국에 산재한 애국지사의 묘는 하나둘 현충원으로 이장되었다.

망우리에는 3·1운동 33인의 7인이 안장되어 있었으나 나용환, 박동완, 이종일, 홍병기 4인이 1966년 현충원으로 이장되었고 현재 한용운, 오세창, 박희도 3인이 남아 있다. 그 외로도 애국지사 안창호가 도산공원으로 이장되고 송진우, 나운규 등이 현충원으로 이장되었다. 과거에는 당연한 조치라고 할 수 있다. 현재 망우리공원에는 한용운, 오세창, 문일평, 방정환 선생 등 나라의 서훈을 받은 애국지사 9인의 묘가 있다. 2012년 한용운에 이어 2017년에 모두 국가등록문화재로 등재되었다.

 망우리 답사 안내를 할 때, 특히 만해 한용운 선생의 묘에 오면, 애국지사 최고의 대한민국장 서훈까지 받은 위대한 만해 선생이 어째서 지금까지 국립묘지로 가시지 않고 여기에 남아 계시냐는 질문을 종종 받는다. 비슷한 내용의 언론사 기사도 간혹 보인다. 과거에는 수긍할 수 있는 말이었지만 지금은 상황이 다르다. 뿌리 깊은 고정관념을 버릴 때가 왔다.

 만해 선생의 묘역은 한강이 내려다보이는 전망 좋은 자리에 위치하고 있다. 불교청년회나 각종 단체가 나서서 관리를 지원하고 있다. 어느 때는 여러 단체가 제각기 순차적으로 벌초를 하는 바람에 "만해 선생은 머리를 기를 틈이 전혀 없다, 돌아가셔도 역시 스님인가 보다" 하는 우스갯소리도 들린다. 굳이 이장할 필요가 없는 것이다. 그리고 따님 한영숙 씨는, 친구분들이 십시일반 하여 마련해준 망우리에는 부친과 가까운 분들이 많고, 생전에 거창하게 떠받드는 걸 좋아하지 않았기에 현충원 이장을 생각하지 않는다고 말했다.

방정환 선생의 손자분도 내게 이렇게 말했다. "어릴 때 부친과 함께 조부에게 참배한 후에 부친은 늘 나를 근처의 오세창 선생 묘로 데려가 인사를 올리게 했습니다. 조부가 애국지사인지라 현충원으로 옮길 수도 있지만, 이곳에 조부의 친구분들이 많이 계시기에 굳이 옮기려고 하지 않았습니다." 즉 소파가 만든 잡지 《신청년》 창간 시 만해는 격려사를 써 주었고, 소파는 박희도가 교장인 중앙보육학교에 출강했으며, 화가 이인성은 소파가 주최한 세계아동예술전람회에 특선으로 입상했는데 이들 모두 망우리에 있다. 또한 소파의 망우리 묘역 조성 시에 총무로 일한 후배 최신복은 부모와 함께 소파의 묘지 아래에 잠들어 있다.

현충원에서 애국지사는 국립묘지법 제정(2006) 전에는 $26.4\,m^2$(8평), 이후에는 $3.3\,m^2$(1평)의 좁은 면적에 똑같은 모양의 봉분과 비석으로 줄을 세워 놓은 것을 볼 수 있다. 마치 옛날 땡볕에 학교 운동장에서 월요 조회를 서고 있는 학생들 같은 모습이다. 또한, 망우리에서 이장하면 원래의 비석은 갖고 가지 못하고 현충원 규격의 비석을 세워야 한다.

비유하자면, 현충원은 닭장 같은 옛날의 11평 주공아파트, 망우리공원의 묘지는 전원주택이라고 할 수 있다. 넓은 장소에 나무가 울창하게 묘역을 감싸고 있고, 저 아래로 한강이 내려다보인다. 배산임수의 명당자리다. 이제는 망우리 묘를 그대로 두는 것이 더 잘 모시는 길이 아닐까. 더구나 애국지사는 현충원 바깥에 묘가 있어도 국가의 관리를 받을 수 있는 법적 근거도 몇 년 전에 마련되었다.

현충원은 그 자체로 숭고한 장소이지만 지금의 시점에서는 아쉽게도 몰개성의 전체주의, 관리 편의주의가 느껴지기도 한다. 그에 비해 망우리에는 다양한 모습의 묘와 비석이 존재하고 애국지사 외에도 친일파, 좌익 등 다양한 인물이 마치 우리가 살고 있는 현실 사회의 축소판처럼 한데 모여 있다. 현충원보다 더욱 인문학적이라고 할 수 있다. 그래서 우리는 망우리공원을 인문학공원이라고 부른다.

5. 3·1운동의 성지, 망우리공원

중랑구청이 3·1운동 기념식을 열기 시작한 것은 최근의 일이다. 독립지사 중심의 연보비 15개가 97, 98년에 세워졌어도 이 지역은 3·1절과는 관계없다고 생각했다. 단지, 관내의 기독교 교구협의회가 3월 1일 전후의 평일에 3·1절 기념 기도회를 열고 있었다.

그러다가 망우리공원에 기미 33인의 3인이 있다는 사실과 유관순 열사도 망우리에 계신 것으로 알려지며 독립운동의 성지로서 공원이 부각되자 중랑구청도 3·1절 100주년 때인 2019년부터 기념식을 열기 시작했다. 이로써도 기념식의 이유는 충분하지만, 망우리공원뿐만 아니라 지역 자체에서 발생한 3·1운동의 역사가 새롭게 드러났다.

3·1운동 당시 상봉리(경기도 양주군 구리면)에서 30여 명이 만세운동을 벌였다는 기록은 예전부터 볼 수 있었다. 경무총감부 고등경찰과 1919년 3월 28일자 보고서(高제9146호, 한국사데이터베이스)에 따르면, 3월 27일 상봉리에서 약 30명의 군중이 운동을 개시하여 헌병이 출동, 19명을 검거하고 해산시켰다. 그러나 개국공신 남재의 의령 남씨, 정구의 동래 정씨, 신경진의 평산 신씨로 대표되는 씨족들이 모여 살며 육백 년을 내려온 중랑구로서는 무언가 부족한 느낌이 있었다.

1914년 일제는 행정구역 개편을 통해 구지면의 구(九)와 망우리면의 리(里)를 따서 구리면을 만들고, 망우리면은 면(面) 자를 떼고 축소하여 구리면 속으로 집어넣었다. 아차산으로 분단된 두 지역을 굳이 하나로 묶으며 역사성 깊은 망우리를 격하시켰으니 지역민은 국치뿐 아니라 면치(面恥)까지 겪은 셈이다. 조선의 개국부터 운명을 함께한 고장에서 3·1운동 30명의 기록밖에 없을 것인가.

아니나 다를까, 최근 망우리에서 3회에 걸쳐 만세운동이 있었다는 소중한 기록을 찾았다. 3·1운동 관련 일제의 통계 자료가 한국사데이터베이스에 2019년 8월 31일에 새로 올라가 있었다. 그중 '조선소요사건일람표'라는 일본 외무성 자료(朝憲警 제107호)가 있다. 조선헌병대사령관이 육군성 차관에게 1919년 10월 2일자로 보내면서 서문에 이렇게 썼다. "이전에 송부한 '조선소요사건개람표'는 소요 당시 받은 전보 보고에 근거해 작성한 것으로 다소 사실이 다른 점도 있기에 금회 정확한 조사를 수행하여 표를 작성하여 송부합니다."

검거 인원 숫자까지 기재되어 정확성이 뒷받침되며, 또한 일제가 숫자를 줄이면 줄였지 부풀릴 이유는 없다. 다른 자료도 참조하여 구리면 관련 기록을 아래에 정리한다.

3·1운동 당시 (50명 이상 규모의) 만세운동 장소로, 양주군 구리면에서는 망우리가 유일했다. 3월 27일(목) 구리면 망우리에서 250여 명(검거 75)의 만세운동이 있

었고, 3월 29일에 다시 망우리에서 100여 명(검거 37)이 만세를 불렀다. 3월 28일과 29일은 구리면 아천리에서도 주민 수십 명이 아차산 정상에 태극기를 세우고 만세를 불렀다. 일람표에는 50명 이하 소수는 기재되지 않아 아천리의 기록은 없지만, 당시 체포된 이강덕의 판결문으로 거사가 확인된다. 다시 3월 30일 망우리에서 3차로 100명(검거 28)이 만세운동을 벌였다.

이렇게 망우리에서는 3월 27일(250), 29일(100), 30일(100)의 3회나 대규모 시위를 벌였다. 비폭력 운동이라 일경의 조사 기록이 없으니 그동안 알려지지 않았던 것 같다. 1907년 당시 망우리면 전체 인구가 2천 명도 안 되었으니(통감부 조사 자료), 의식 있는 어른 대부분이 참가한 거면(擧面)적인 3·1만세시위였다고 볼 수 있다. 학자들은 이 일람표에 근거하여 망우리를 구리면 3·1운동의 대표적 장소로 쓰기 시작했다.

만세를 부른 장소는 어디였을까? 당시 망우리는 지금의 망우본동에 속하고, 다수가 모일 수 있는 장소로서는 지금의 망우본동주민센터 근처가 아닐까 추정한다. 국사편찬위원회도 그렇게 표시하고 있다. 주모자는 누구였을까? 본서 1부의 '중랑구의 애국지사 6인을 찾다' 편에서 소개한 상봉리 321번지 거주, 경주 최씨 최승환(崔承煥 1873~1968)이라는 애국지사(애족장)가 유력하다. 1920년 11월에 드러난 대한독립단 사건의 주모자급 인물로 독립군환영단장을 맡았던 사람이다.

망우본동의 오래된 가문 의령 남 씨 후손이자 지역의 유지인 남화창 씨의 모친(1931년생)의 증언에 따르면, 외조모의 동생이 최승환인데, 쌀집을 했었고 어느 때인가 집으로 헌병들이 들이닥쳐 가택수색을 했다는 말을 어른들에게 들었다고 한다. 외아들 최신욱(1953년 공보처 경리과장)은 면목동에 살았고 손자 최영진은 묵동에 살다가 1984년 미국으로 이민을 갔다. 유족 인터뷰가 어려우니 일단 추정에 머문다.

한편 망우리공원에는 3·1운동과 관련된 독립지사가 19인이나 있고, 남겨진 유의한 비석까지 합하면 모두 30인이 당시의 이야기를 전하고 있다. 또한, 이름을 남긴 지도자는 아니었지만, 태극기를 들고 3·1운동에 참여한 민중이 이곳에 함께 잠들어 있으니 이는 망우리공원만의 차별성이기도 하다.

우선, 기미독립선언 대표자 33인의 불교계 대표 한용운(대한민국장), 천도교 대표 오세창(대통령장), 그리고 기독교 대표 박희도 등 3인이 있다. 박희도는 일제 말의 친일로 빛이 바랬지만, 친일파 연구의 대가 임종국은 "변절을 했을망정 그래도 조선의 양심이었다"라고 했다. 영(榮)과 욕(辱)의 역사가 한데 보존되어 있다. 그밖에 33인 가운데 나용환, 박동완, 이종일, 홍병기 등 4인도 있었으나 이들은 모두 1966년에 현충원으로 이장되었다.

그리고 33인에 속하지 않았지만 3·1운동에 참여한 망우리의 인사를 살펴보면, 문일평(독립장)은 3·1운동 후인 3월 12일에 조선 13도 대표자 명의로 된 '애원서'를 보신각 앞에서 낭독하여 8개월간 복역했고, 방정환(애국장)은 천도교청년회 회원으로서 3·1운동 때 집에서 독립신문을 등사하여 배포하다 일경에 체포되었다.

유상규(애족장)는 경성의전 재학 시 3·1운동에 주도적으로 참여했기에 곧바로 상해로 망명, 임시정부 안창호 선생의 비서를 지냈다. 오기만(애국장)은 부친과 함께 황해도 배천읍 장날의 3·1운동 주모자로 일경에 구금되어 고초를 당했다.

시인 김상용은 1917년 경성제일고보를 다니다 3·1운동 참여로 제적당하고 다시 보성고보에 들어갔으며, 설의식은 3·1운동으로 중앙고보를 퇴학당하고 일본 유학을 떠났고, 세브란스의전 학생 김찬두(황해도 서흥군 순천병원장)는 동기들과 3·1운동에 참여하여 옥고를 치렀다. 차숙경(33인 이갑성의 아내)은 운동 자금 모집을 위해 결성된 여성단체 애국부인회에 참가하고 남편을 도와 학생들과의 연락 활동을 대신했고, 장덕수는 일본에서의 2·8독립선언에 관여하여 전남 하의도로 유배당했으며, 조봉암 또한 강화도에서 3·1운동에 참여해 1년간 옥살이를 한 바가 있다. 반민특위 조사부장을 지낸 민의원 이병홍은 산청군에서 3·1운동 시위를 주도한 후에 중국으로 망명했고, 평남 순안의 의명학교 학생 허연(흥사단원)도 3·1운동 후에 상해로 망명했다.

소설가 김말봉은 황해도 명신학교 교사로 근무할 때 재령 3월 6일의 만세운동의 준비를 위해 학교에서 태극기를 제작한 혐의로 일경에 끌려가 고문 끝에 왼쪽 귀의 청력을 잃어버렸고, 연희전문 학생 김명신(배화여고 교장) 또한 박희도의 지시로 독립선언서를 해주까지 운반하여 해주 3·1운동을 주도해 옥고를 치렀다.

3·1운동의 상징적인 인물인 유관순 열사는 1920년 9월 28일에 옥사하여 이태원공동묘지에 매장되었으나 이태원묘지가 없어지면서 망실되었다. 그러다 1936년에 이태원묘지의 무연고자를 합장한 이태원묘지무연분묘합장묘가 있다는 사실이 알려져, 유관순열사기념사업회는 이사회 결의를 통해 그토록 애타게 찾았던 열사의 유해가 이곳에 있다고 인정하여 2020년 9월 26일, 중랑구와 공동 주관으로 유관순 열사 순국 100주년 추모식을 기행했고 매년 9월 28일 오후 3

시에 추모식을 열고 있다. 또한, 유관순과 함께 서울에서 3·1운동에 참여했던 이화학당 동기 김분옥도 이곳에 있다.

그리고 현충원 등으로 이장되었지만 이곳에 유의한 비석을 남긴 인사로서, 안창호(대한민국장)와 박찬익(독립장)은 3·1운동 전인 1919년 2월 1일 무오독립선언서에 서명하고 상해임시정부에 합류했다. 서병호(애국장)는 상해 신한청년단의 당수로 국내의 3·1운동을 지원했고, 문명훤(애족장)은 3·1운동 때 맹산에서 시위를 주동한 후 상해로 망명했으며, 김봉성(건국포장)은 평북 선천에서 전개된 만세시위에 참여했다. 강학린 목사(애족장)는 함북 성진 3·1운동의 주도자였고, 김중석 목사는 1919년 3월 3일 함흥에서, 재림교인 김정규는 3월 20일 간도 훈춘에서, 천도교인 박승룡은 3월 10일 함남 이원읍에서, 이태건은 선천에서 만세운동에 참여했고, 김사국은 3·1운동 후의 국민대회 사건과 한성임시정부 조직에 참여하여 옥고를 치렀다.

정리하자면, 이곳 망우리공원에는 기미독립선언

33인에 속하는 한용운, 오세창, 박희도(3인)와, 3·1운동 참가자 김말봉, 김명신, 김분옥, 김상용, 김중석, 김찬두, 문일평, 방정환, 설의식, 오기만, 유관순, 유상규, 이병홍, 장덕수, 조봉암, 차숙경(16인)이 있고, 지금도 비석을 남겨 그 뜻을 전하는 인사는 강학린, 김봉성, 김사국, 김정규, 문명훤, 박승룡, 박찬익, 서병호, 안창호, 이태건, 허연(11인) 등으로 모두 합해 30인에 이른다. 현충원을 제외하고 3·1운동 관련 인물이 이렇게 많이 한 곳에 모여 그날의 뜻을 전하고 있는 곳이 망우리공원 외에 어디에 있을까.

6. 한글의 선구자들이 모여 있다

망우리공원은 한글의 성지다. 이미 알려진 인물 외로, 2021년 구청이 발주하고 한국내셔널트러스트(망우리위원회)가 수행한 망우리묘역 전수조사로 두 분의 조선어학회 회원이 새로 발견되었다. 이를 계기로 '한글'을 열쇳말로 전체 인사의 행적을 다시 살펴보니 열 명 이상의 한글 선구자가 드러났다.

가장 선배 격인 송촌 지석영(1855~1935)은 종두법의 도입자이며 관립(국립)의학교의 초대 교장을 지낸 의학의 선구자로 유명하지만, 한글 관련 업적도 크다. 1905년 상소문을 올려 개화가 늦어지는 것은 한글을 숭상하지 않기 때문이라고 주장했고, 1907년 국문연구소를 설립하고 주시경 등과 국문 보급에 힘썼다. 더 나아가 한글로 한자를 해석한 우리나라 최초의 한자사전인 『자전석요』(1909)를 간행했는데 이는 1950년까지 계속 나왔다.

변호사 박승빈(1880~1943)은 법전의 편찬을 기획하면서 국어표기법 통일의 필요성을 절감하고 국어연구의 길로 나섰다. 문일평, 오세창 등과 결성한 계명구락부(1918)는 1927년 조선광문회의 조선어사전 원고를 인수하여 한동안 사전 편찬도 시도했다. 1931년 조선어학연구회를 설립하고 기관지《정음》을 간행했으며 저서 『조선어학』(1935)을 남겼다. 한글맞춤법 제정 시에는 신명균, 이희승, 최현배 등의 조선어학회의 표의주의에 대립하여 세종 이래의 전통적 표음주의(예: 먹으니(조선어학회)↔머그니(박승빈))를 주장하며 격렬한 토론을 벌였다. 소수 의견의 '독특한' 국어학자로 불렸지만, 한글 사랑에는 차이가 없다.

애국지사 문명훤(1892~1958, 비석과 연보비)은 힌글을 연구하여 『한글 제문화』, 『국어의 참두루미』라는 저서도 남겼다. 그러나 이 저서는 국립도서관에도 소장본이 없다. 정식 출간되지 않은 프린트물이었던 것 같다. 그의 연보비에는 "말에는 본이 있고 글에는 법이 있다. 말과 글이 같은 민족의 사회에서 말의 본이 글의 법이오, 글의 법이 곧 말의 본이다"라는 문구가, 그의 비석에는 "한문자 사용과 왜 생활 습속 등 노예문화의 깡대기가 일소되고 자주 문화가 수립되어야 곧 민족 문화가 순화되어야 민족성이 강고하여져서 …"라는 문구가 새겨져 있다.

조선어학회원으로는 신명균(비석), 박현식, 이탁(비석)이 있다. 신명균(1889~1941)은 최현배, 김두봉 등과 함께 주시경의 조선어강습원 제1회(1913) 졸업생으로 조선어학회의 핵심 인물이다. 창씨개명을 거부하고 대종교 나철의 사진을 품에 안고 자결했다. 2017년 뒤늦게 애국장 서훈을 받았지만 묘는 이미 2003년경 무연고로 처리되어 용미리 무연고합장묘로 옮겼다는데 이후의 처리 상황을 아는 사람이 없다. 가족의 월북으로 아무도 신명균을 연구하지 않았고 묘를 돌보는 추모도 하지 못한 것이다.

박현식(1894~1954)은 중동학교 교사로 오랫동안 근무하고 자신의 집에서 지금의 한영중고·외고가 속한 한영학원(1998 동원학원으로 개칭)을 설립했다. 조선어학회는 1930년 12월 12일 맞춤법통일안 제정을 총회에서 결의하고 원안을 1932년 12월에 작성했는데, 박현식은 신명균과 함께 12인의 한 사람으로 원안 작성에 참여했고, 1933년 10월 19일 임시총회에서 맞춤법통일안을 통과시켰을 때, 신명균, 이탁과 함께 작성 위원 18인의 한 사람으로 참여했다.

이탁(1898~1967)은 오산고보 교사를 하며 조선어학회 활동을 하고 해방 후에는 서울사대 국어교육과 교수를 지냈다. 청산리 전투에도 참가한 독립운동가(애국장)로 1992년 현충원으로 이장되었다. 비석은 서울대 제자들이 세웠다.

이렇게 작성 위원 18인 중의 3인이 망우리공원에 존재하니 비율로 약 17%(3/18)니 된다. 또한, 1929년 '조선어사전편찬회' 발기인 108명에 박승빈, 박희도, 방정환, 신명균, 이탁, 지석영(6인)이 참가했고, 1935년경 결성된 사전편찬후원회원 14인에 설태희, 설원식 부자가 참가했다. 설원식(1896~1942)의 묘에 적힌 호 석천(石泉, 돌샘)은 주시경의 호 백천(白泉, 흰샘)에서 따왔다. 그의 매제 김두백은 김두봉의 동생이며, 동생 설의식도 해방 후 한글문화보급회 명예위원장을 맡았고 『난중일기』를 최초로 한글로 번역했다. 그 아래 동생 설정식은 1943년에 순국한 조선어학회 회원 이윤재에게 조사(환산 이윤재 선생께 드리는 노래)를 바쳤다. 설정식의 외손이 배우 김보성이다.

만해 한용운도 한글 보급에 노력한바, 1926년 12월 7일 동아일보에 가갸날(한글날)에 관한 글을 쓰고 마지막에 "아아 가갸날 참되고 어질고 아름다워요"로 시작하는 축시도 덧붙였다.

한편 망우리공원 비석에는 한글이 많다. 신앙의 자유를 찾아 월남한 이북 출신의 기독교인이 많아 그들의 비문은 대부분 한글로 새겨져 있다. 기독교 발전의 역사는 한글 발전의 역사이기도 하다. 생몰은 '남'과 '잠'으로, 고(故)는 '옛'으로, 묘소는 '자는 곳'으로 쓴 비석이 곳곳에 보이고, 사망의 표현을 '하늘 문이 열리다'라고 적은 비석도 있다. 근대 표기법의 한글을 볼 수 있는 것은 물론이다.

이렇게 많은 한글 선구자가 한곳에 존재하고 한글 비문이 가득한 망우리공원은 이제 한글의 성지로서 주목할 만하지 않은가.

7.   망우리 언덕에
     십자가가 많은 이유

망우리공원에는 최초, 초대, 초기라는 수식어가 붙는 많은 선구자가 있는데 기독교도 마찬가지다. 우리나라 기독교 최초의 유아 세례자 서병호(비석), 최초의 여성 기독교 장로 김말봉, 초교파 만주기독교회의 창립자요 중앙신학원(강남대) 초대 원장인 변성옥 목사가 있다.

그리고 33인의 기독교 대표 박희도가 있고, 초기 기독교인으로 독립운동에 앞장선 도산 안창호(비석), 유관순, 유상규, 이영학, 서광조, 허연, 강학린 목사(비석), 김정규(비석), 조종완(비석) 등의 독립지사와 아동문학가 강소천, 콩박사 김호직 등이 기독교와 함께한 자신의 삶은 물론, 그들 삶의 배경이 되는 한국 기독교의 역사를 말해 준다.

 망우리를 돌아다니다 보면, 십자가가 새겨진 비석이 곳곳에 보인다. 유달리 기독교인이 많다. 교회 직영 묘지를 제외하면 전국의 공동묘지 중에 가장 많을 것이다. 왜 그럴까? 책까지 쓴 나도 그 이유를 알지 못한 채 계속 현장을 돌아다니다 어느 날 갑자기 깨달음이 찾아왔다. 즉 월남한 사람 중에는 기독교인이 많고 그들은 서울에 많이 살았지만, 남북이 가로막혀 고향으로 가지 못하고 훗날을 기약하며 이곳 망우리묘지에 모셔졌던 것이다.

 기독교는 우리나라의 근대화와 독립운동, 그리고 해방 후의 산업화와 민주화에 크게 기여했다. 그래서 언젠가는 망우리의 기독교인에 초점을 맞춰 그들의 삶을 통해 한국기독교의 역사를 살펴보고자 했다. 공부가 부족하여 차일피일 미루다가 2020년 코로나 사대 때 저술에 집중히어 마침내 2021년 3월 2일 『망우리 언덕의 십자가-한국 기독교 역사의 발자취』를 출간했다. 책에 소개된 유명 인사 중 2명이 일본인이고 15인이 이북 출신이다. 인물의 연대기야 기존 저서와 다를 바 없지만 기독교라는 실을 넣어 새로 짜내려가다 보니 전혀 색다른 글이 되었고, 한국 기독교의 역사가 대략적이나마 한눈에 들어왔다.

애국지사 중에 기독교인이 많다는 것은 주지의 사실이고 그밖에 기독교가 우리 역사에 끼친 영향은 지대한데 그 증거가 망우리공원의 곳곳에 존재한다. 또한 안타까운 변절이나 억울한 죽음도 망우리는 모두 포용하고 있으니 이는 바로 기독교 정신과 다름없다.

그리고 만약 지금의 기독교가 순수했던 초심으로 돌아가야 할 부분이 있다면, 그것은 역사 속 기독교 선구자의 삶을 다시 한번 되돌아보는 시간 속에서 이루어질 수 있을 것이다. 어느 분야이건 나아갈 미래의 길은 과거의 역사 속에서 찾을 수 있다.

이제 망우리공원은 한국기독교의 새로운 성지순례의 장소로 우리 앞에 나타났다. 망우리공원에서 기독교 정신을 실제 삶에서 실천하고 소천한 분들을 찾아 그들을 기리는 동시에 자신의 신앙을 되돌아보는 계기를 얻었으면 한다.

8. 동학농민운동과 3·1운동을 되새기며

1898년 모일, 의암 손병희(1861~1922)는 동학농민운동 실패 후에 피난길에 올랐는데 망우리고개에서 다음의 한시를 남기며 미래의 의지를 다졌다.

> 앉아서 강산 그림을 보니
>
> 무연히 배부른 가운데로구나
>
> 坐見江山圖 茂然飽腹中
>
> 만약 우주 공간에 뱉어 놓으면
>
> 천하가 같이 배부르겠도다
>
> 若吐宇宙間 天下共飽腹

바로 그 망우리 언덕에, 의암을 따르던 많은 천도교인이 생전의 동학농민운동과 3·1운동의 기억을 되새기며 잠들어 있다.

3·1운동 33인 가운데 불교계는 한용운, 박용성 2인에 불과하고 유교계는 참여하지 않았으니 사실상 천도교(15인)와 기독교(16인)가 3·1운동의 주축이었다. 천도교 교주 손병희는 3·1운동에 거금을 지원하고 33인의 맨 처음에 이름을 올렸다.

망우리공원에 잠든 대표적인 천도교 인물로는 33인에 천도교 대표로 참여한 위창 오세창(대통령장)과 의암의 셋째 사위 소파 방정환(국민장)이 있다. 그리고 망우리에 있다가 1966년 현충원으로 이장한 33인으로 나용환, 박동완, 이종일, 홍병기 4인이 있는데, 박동완 목사를 제외하고 모두 천도교인이다.

택암 나용환(澤菴 羅龍煥, 1864~1936)은 평남 성천 출신으로 23세에 동학에 들어가 동학농민운동에 참가했다. 천도교 교육을 위해 1926년 설립된 경성시일학교의 교장을 지냈다. 장남 경덕은 소파 방정환의 장녀 영화와 결혼했다.

묵암 이종일(默庵 李種一, 1858~1925)은 천도교 인쇄소 보성사의 대표로 3·1운동 독립선언서를 인쇄했다. 출옥 후 조선국문연구회 회장이 되어 한글 연구에 이바지했다.

인암 홍병기(仁菴 洪秉箕, 1869~1949)는 무과에 급제했다. 동학농민운동에 참여했고 진보회를 만들어 1904년 갑진개화운동을 이끌었다. 해방 후 삼일동지회 고문으로 활동하며 임정요인 주축의 한국독립당을 지지했다.

세월이 많이 흘렀고, 망우리에 묏자리가 부족해지면서 좋은 이장 터에 새 묘가 들어선 예도 있어, 이 세 분의 묘터와 비석은 아직 찾지 못했다.

한편, 2021년의 묘역전수조사 때, 천도교인으로 3·1운동에 참여한 애국지사 여암 박승룡(余庵 朴承龍, 1872~1957)의 비석을 찾았다. 이름 옆에 '천도교 종법사(宗法師)'라고 새겨져 있다.

여암은 함남 이원군 출신으로 31세 동학 입도, 33

세 이원군에 보명학교와 신명학교를 설립했다. 48세가 되던 1919년 3월 10일 이원읍 장터에서 천도교인 김병준, 공시우, 최종준 등과 함께 1,000여 명의 시위를 주도하여 3년간 옥고를 치렀다. 출옥 후에는 종무사업에 전념하여 51세에 도호(여암)를 받고 종법사에 피존되었다. 1990년 건국훈장 애족장이 추서되었다.

비문의 끝에 '의학박사 공군준장 전강원도지사 전전라남도지사 고애자(孤哀子) 건원 읍기(泣記)'라 새겨져 있다. 장남 박건원(1904~1975)은 보성고, 경성제대 의학부를 나와 경성제대병원의 외과의사를 지냈고 1945년 12월 최초의 강원도지사에 임명되었으며, 1947년 백병원의 설립자인 백인제 등과 조선외과학회를 창립했다. 6·25에 참전하여 공군 준장으로 예편했다. 글씨를 쓴 이는 공군대령 한글학회 이사 전 서울대교수 한갑수(1913~2004)이다. 묘번은 108836이고 1994년 대전현충원으로 이장되고 비석이 남았다. 중랑구 쪽 순환로 끝에 있는 극작가 이광래 묘의 건너편 아래에 있다.

그리고 오세창 묘 위편에 천도교인의 묘가 있는데, 앞면에 '천도교신부인만화당김계화지묘(天道教信夫人萬和堂金桂花之墓)'라고 새겨져 있다. 놀랍게도 글씨 바로 왼쪽에 당대 최고의 서예가인 위창 오세창의 음각, 양각의 낙관 두 개가 새겨져 있다. 묘비 후면은 '소화 18년 9월 25일립(昭和十八年九月二十伍日立) 사자(嗣子) 평하용운(平河龍雲) 평하건소(平河健昭)'라고 적혀 있다. 平河는 '히라가와'라고 읽는데 창씨개명한 이름이다. 소화 18년은 서기 1943년이다. 고인 김계화의 삶과 위창과의 관계는 조사 과제로 남아 있다.

천도교 표지가 새겨진 비석이 곳곳에 보이고, 천도교 신녀라고 새긴 비석도 보인다. 한편 동학에 뿌리를 둔 수운교(이상룡 1923) 신도의 비석에는 몰년을 '수운강생 139년'이라고 표기하고 있는데, 수운 최제우 탄생(1824)으로부터 139년(1962)을 말한다.

이렇듯 의암을 따르던 많은 천도교인이 생전의 동학농민운동과 3·1운동의 기억을 되새기며 망우리 언덕에 잠들어 있다.

9. 한국 근대 서예의 야외 박물관

망우리공원에 들어온 근현대 유명 인사의 묘역에는 당대 유명 서예가의 글이 새겨진 비석이 많다. 망우역사문화공원은 우리 근대 서예의 야외박물관이라고 할 수 있다. 특색 있는 몇 개만 소개한다.

위창 오세창(1864~1953)은 당대 최고의 서예가였다. 소파 방정환의 묘비(1936)에 '동심여선(童心如仙, 어린이의 마음은 신선과 같다)'이라는 글을 썼다. 위창은 손병희와 함께 천도교 대표로 3·1운동 33인에 함께 참여했고 소파는 손병희의 셋째 사위이기에 인연이 깊다.

소파 묘역 우측에 세워진 비서(1983)는 경남 함

양 출신의 아동문학가요 서예가인 월정 정주상(1920~2012)이 썼다. 서예 교과서를 집필했고 우리나라 최초의 서예 잡지 『월간 서예』를 창간했다.

'경서노고산천골취장비(京西老姑山遷骨聚葬碑)'는 서울 서쪽 노고산(서강대 뒷산)의 공동묘지를 택지로 개발하면서 무연고 묘를 옮겨 장사지내고 1938년에 세운 비석이다. 아래의 직사각형 돌판에 새긴 비문 후단에 '수양산인(首陽山人)(해주 오씨를 말한다) 오세창 예(隸)'라 하여 위의 제자를 위창이 예서로 썼고, '부춘산인(富春山人)(경주 김씨를 말한다) 김흡(金恰) 근서(謹書)'라 하여 비문은 김흡(金洽)이 썼다고 새겼다. 석산 김흡은 함북 부령군 출신의 한학자이며 서예가였다. 비문의 내용은 필자가 올해 출간한 『망우역사문화공원 101인 - 그와 나 사이를 걷다』에 조운찬 작가의 번역으로 처음 소개했는데, 글을 지은 이가 산강재 변영만이라는 숨겨진 사실도 처음 밝혀냈다.

오세창의 비문 앞면은 제자 소전 손재형(1903~1981)이 쓰고(篆, 전서), 좌우후면은 여초 김응현(1927~2007)

이 썼다. 한자와 한글이 섞여 있는데, 한자는 육조체(六朝体)이고 한글은 정음체이다. 김응현은 만해 한용운의 비문도 썼다. 1960년대 국전의 권력자로 칭해지는 손재형에 대해 비판적이었던 김응현이 큰 스승 오세창의 비문을 함께 나눠 쓴 것이 의미 깊다.

서도를 서예로 개칭한 손재형은 또한 도산 안창호의 비문 앞면을 쓰고, 손재형의 제자 원곡 김기승(1909~2000)이 좌우후면을 썼다. 안창호의 비문은 이광수가 지었다. 김기승은 흥사단 단원(1026번)으로 도산과의 인연도 깊다. 김기승은 보건부장관 오한영(오긍선의 장남), 장덕수·박은혜 부부의 비문도 썼다.

개신유학자이며 설의식의 부친인 설태희의 비문은, 김응현의 숙부이며 성균관장을 지낸 창애 김순동(1898~1972)이 쓰고 전(篆, 제자)은 위창 오세창이 썼다. 문일평의 비문은 정인보가 짓고, 추사 김정희의 비문(1937)도 쓴 죽하 김승렬이 썼다.

김응현의 두 살 위 형인 일중 김충현(1921~2006)은 조봉암 비석의 앞면에 '죽산조봉암선생지묘'이라고 썼다. 고인이 1959년 국가보안법으로 처형당해 비석도 세우지 못했고, 자유당 정권 몰락 후에 세운 비석에는 앞면에 이름만 새겼을 뿐인데, 글씨를 쓴 김충현은 불려가 조사를 받았던 사연이 있다. 또한, 강소천의 비석 앞면에 대표작 〈닭〉을, 후면에는 박목월 시인의 추도사를 썼다.

애국지사 김승민의 비문은 손재형의 제자 학남 정환섭(1926~2010, 한국미술협회장), 소설가 김말봉과 김이석의 비문은 동국대 교수와 예술원 회원을 지낸 시암 배길기(1917~1999), 애국지사 박찬익의 비석(1964)은 동탁 조지훈의 글을 어천 최중길(1914~1979)이 썼다.

그리고 전문 서예가가 아닌 분들의 글씨를 살펴보자면, 민의원 현포 이병홍의 비문은 애국지사요 국회의장을 지낸 해공 신익희(1894~1956)가 썼다. 해공의 글씨는 마치 호랑이가 날아가는 듯한 기운이 느껴지는 서체다. 그리고 시인 박인환의 묘비는 소설가 송지영(1916~1989)이, 가수 차중락의 묘비는 맏형 차중경이, 여성운동가 이경숙의 비문은 호수돈여고 스승 유달영(1911~2004)이 썼다.

주요 비문을 탁본하고 스토리를 적어 예술의전당 서예관에서 크게 전시할 만하지 않은가.

10. 한국근대문학관 설립의 꿈

국립한국문학관이 은평구에 설립되어 건물은 2025년 개관될 예정이다. 이에 대해서는 아쉬운 기억이 있다. 나는 2016년 5월 2일자 중랑신문에 〈국립한국문학관을 망우리공원으로!〉라는 제목으로 기고한 적이 있다. 정치적 이유도 있겠지만, 오랫동안 준비했던 은평구를 이길 수는 없었다. 그럼에도 망우리의 근대문학관의 꿈은 여전히 유효하다.

국립한국문학관은 근대문학이 중심이다. 일본에서는 1966년 근대문학관이 설립되었는데 국립(근대)문학관의 존재 여부는 문화 선진국을 판단하는 하나의 지표라고 할 수 있다. 우리는 선진국의 근대문학관을 벤치마킹하고 좀 더 범위를 확대하여 한국문학관으로 했는데 아무래도 중심은 근대문학이다. 그러므로 근대문학가를 많이 품은 망우리공원이 선정되지 못한 것은 매우 아쉬운 일이 아닐 수 없다.

고인의 자취를 가장 가깝게 느낄 수 있는 곳은 고인의 생가가 아니라 묘역이다. 유명 인사의 사망 후에, 유족과 친지는 어떻게 하면 고인의 삶을 가장 잘 표현할 수 있을까 고민하여 비문에 새길 글을 짓거나 비석의 모양을 고른다. 망우리에 있는 시인 박인환의 비석에는 "지금 그 사람 이름은 잊었지만 그 눈동자 입술은 내 가슴에 있네"라고 새겨진 글이 세월의 풍상에 바랜 모습으로 시적 풍취를 자아낸다.

그렇게 묘와 비명으로 우리에게 말을 전하는 문인들이 망우리공원에는 13명이나 있다. 시인으로 김상용, 박인환, 한용운, 허연이 있고, 소설가로는 계용묵, 김말봉, 김이석, 최학송이, 극작가로는 이광래, 함세덕이, 아동문학가로 강소전, 방정환, 최신복 등이 있다.

대부분이 당대 그 분야 최고의 문인들이다. 그들만으로도 한국 근대문학의 상당한 부분을 망라한다.

또한 이곳에는 문학가 외에도 미술가 이인성, 이중섭, 권진규, 가수 차중락, 서화가 오세창, 사학자 문일평, 언론인 장덕수, 설의식, 영화감독 노필, 국어학자 지석영, 박승빈, 교육가 오긍선, 박희도, 박은혜, 정치가 조봉암, 이병홍, 이영준 등이 있으며 안창호(비석)와 유상규 등의 애국지사도 다수 있다. 다양한 분야에서 개척자요 선구자였던 이들은 위의 문인들과 직간접의 인맥으로 얽혀 있으며 그 시대 문학의 주연이나 조연 혹은 배경 인물로 존재한다. 예를 들면, 시를 좋아하는 이중섭은 박인환의 친구이며, 박인환의 친구인 시인 이봉래는 조봉암의 사위이고, 화가 이인성은 방정환이 개최한 세계아동예술전람회에 특선으로 입선하여 화가의 길을 걷게 되었고, 방정환의 묘비는 오세창이 썼다.

망우리공원은 1933년 개장되어 1973년 폐장, 40년의 역사가 액자처럼 잘려 보존되어 있다. 한반도 역사상 그 어느 때보다 가장 격동적인 역사가 이곳에 담겨 있다. 더구나 지금의 선진한국의 뿌리가 그곳에 있기에 이곳은 더욱 소중하다. 문학이 다양한 인간의 삶 모두를 담아내듯, 망우리는 독립지사뿐만 아니라 좌파도 있고 친일파도 있고 일본인도 있는, 다양한 삶의 모습을 담은 근현대의 축소판이요 근현대의 박물관이다.

우리가 무심하게 방치하면 그들은 죽어 말이 없지만, 우리가 찾고 기리면 그들은 살아나서 말을 전한다. 우리 근대 문학의 성지와도 같은 상징성을 가진 망우리에 근대문학관을 설립하여 그들을 찾고 기리고 공부하여 다시 살아나게 해야 한다.

서울시는 2016년 망우리공원에 인문학길을 조성했고 2021년 관리를 이관받은 중랑구는 지속적인 관리와 정비에 나서고 있다. 인문학길 '사잇길'은 자연경관 조망 및 묘지 속의 사색과 함께, 그 어느 때보다도 격동적인 근현대사를 살다 간 유명 인사와 서민의 이야기를 비명을 통해 체험할 수 있는 코스이다. 명상과 치유를 위한 숲속의 공간도 세 곳이 만들어졌고 능선에는 한강과 북한산을 조망할 수 있는 전망대도 세워졌다. 그리고 공원 입구에는 중랑망우공간이 2022년 개관되었다. 망우리공원의 이러한 인문학적 인프라를 문학관은 그대로 연계, 활용할 수 있다. 문학관을 찾은 후에 다시 묘를 찾는 체험의 연장, 확대, 심화가 가능한 유일한 곳이다.

    이렇듯 상징성과 연계성, 접근성 등의 모든 관점에서 망우리공원의 근대문학관 설립은 그 이유가 필요충분하지 않을까.

11. 도산 선생 곁으로
       모인 사람들

1973년 강남구 도산공원에 모셔진 도산 안창호는 신민회와 상해임시정부의 지도자로, 대한민국장이 추서된 최고의 애국지사이다. 숱한 기록은 그가 뛰어난 언변과 숭고한 인격으로 많은 이들의 존경을 받았다고 전한다.

그러한 사실을 우리는 망우리공원의 도산 묘터에 가보면 직접 눈으로 확인할 수 있다. 생전에 도산을 따르던 사람들이 사후에도 망우리 도산 근처로 들어왔다. 우스갯말로, 도산은 망우리에서 가장 큰 조직을 가진 분이다.

도산은 1938년 3월 10일 경성제대부속병원에서 서거하여 망우리공동묘지에 안장되었다. 고향 평남 강서군에 선산이 있었지만, 장지를 망우리로 정한 것은 1936년에 먼저 들어온 제자 유상규 옆에 묻히기를 원했기 때문이다. 이러한 사실은 〈도산의 유언〉(《삼천리》, 1938년 5월호), 선우훈의 『민족의 수난』(1948), 조선일보의 〈인물로 본 한국학〉(1969.11.6.) 등 복수의 자료에서 확인할 수 있다.

유상규(1897~1936)는 경성의전 재학 중 3·1운동으로 상해로 망명하여 도산의 비서가 되어 한집에 기거하며 도산을 모셨다. 이때부터 두 사람은 부자지간과 다름없는 관계로 맺어졌다. 훗날 임정을 떠나게 된 도산은 유상규에게 의학공부를 계속하여 민족을 위해 일하라고 권고하여 유상규는 동기보다 7년 늦게 졸업하고 경성제대부속병원의 외과의사가 되었다. 흥사단 활동 외로도 의학을 통한 민족계몽에 헌신하다가 세균 감염으로 별세하여 40세의 나이에 망우리로 왔다. 유상규는 아들 유옹섭의 이름에 '옹(翁)'을 넣었는데 이는 도산의 다른 아호 '산옹(山翁)'에서 따온 것이었다.

유옹섭 선생은 2007년에 부친을 현충원으로 이장할 계획이었으나 위의 사실을 알게 된 후, 부친의 마음을 헤아려 이장을 취소하고 도산 묘터의 성역화를 위해 노력하다가 2014년에 별세했다. 유지를 이어받은 나는 도산 묘터의 복원 방안을 모색하다가 우연히 도산공원 내에 구비(1955)가 사용되지 않고 있는 것을 발견하여 관계기관의 협력을 얻어 2016년 3월 1일에 망우리로 다시 이전했다.

비석(금석문)은 당대를 증언하는 소중한 문화유산이다. 1973년 이장 후에 43년 만에 돌아온 비석은 이제 두 분의 아름다운 인연의 이야기를 전해 주는 상징물로 우뚝 서 있다. 이러한 일화 하나만 보더라도 도산의 인격이 어떠했는지 우리는 능히 짐작할 수 있다.

도산을 따르던 많은 이들이 사후에 도산 근처로 들어왔다. 도산의 우측에는 조카사위인 흥사단원 김봉성이 1943년에 들어와 유상규와 함께 좌우에서 도산을 모시는 모양새로 있었다. 2016년에 서울현충원

납골당으로 이장되었으나 비석은 남아 있다.

그리고 2017년에는 도산 묘 바로 뒤에서 평북 선천 출신의 흥사단원 이영학(1904~1955)의 묘가, 2020년에는 지석영 묘 아래쪽에 평남 순안 출신의 흥사단원 허연(1896~1949)의 묘가 발견되었다. 허연 선생의 유족에 따르면 "도산의 발치에 묻어 달라"며 고인은 망우리에 가족묘를 마련했다고 한다. 두 분 모두 1937년 수양동우회 사건으로 옥고를 치렀다.

또한, 2021년 묘역전수조사 시에 임시정부에서도 일했던 흥사단원 김기만, 나우 두 분이 추가로 발견되었다. 1995년과 2006년에 각기 현충원으로 이장된 흥사단원 조종완과 문명훤(비석 존치)까지 함께 떠올리면, 많은 흥사단원은 죽어서도 존경하는 도산 선생 곁으로 찾아왔다.

흥사단원은 아니었지만, 도산과 동향인 김분옥(유관순과 이화학당 동기)과 그 모친도 근처에 자리를 잡았듯이, 도산 가까이에 들어온 무명의 서민도 적지 않을 것이다. 이처럼 고인이 위대한 지도자였다는 것을 우리는 망우리공원에서도 분명히 확인할 수 있다.

    도산의 유해는 1973년에 도산공원으로 이장되었지만, 고인의 피와 살은 이 땅에 스며들어 있기에 묘터는 소중하다. 구비석도 다시 돌아와 감동적인 인연을 말없이 전해 주고 있다. 많은 동료를 남겨두고 강남으로 옮겨진 도산의 마음은 어떠할 것인가. 그 마음을 헤아려 도산 묘터의 성역화를 서둘러야 하지 않을까.

12.   누가 고인에게
       돌을 던질 수 있겠는가

"당신이 뭔데, 감히 큰아버님을 모욕하는 거요? 조용히 잠드신 묘지에 무슨 안내판이고 뭐고 하며 들쑤시는 거요?"

내 안에 갇혀서 유족의 마음을 헤아리지 못한 일이 있었다. 2016년 인문학길 사잇길 공사 때 묘역에 안내판을 세우는 일을 할 때였다. 초안을 작성하고 유족이나 추모사업회의 확인을 받았다. 대부분 이견 없이 그대로 받아들여졌는데, 극작가 함세덕의 경우, 별생각 없이 쓴 글이 유족의 아픈 상처를 건드렸다. 초안은 아래와 같다.

(…) 하지만 해방 후에는 서정극을 떠나 사회주의 이념의 세계로 들어섰다. 남로당에 가입해 연극활동을 하다 정치 연극이 금지되자 월북하여 활동하고 6·25 때 인민군 선무반으로 서울에 내려왔다가 수류탄 사고로 사망했다. … 비문의 글처럼, 그는 작품을 통해 우리에게 손을 내밀고 있고 우리는 그의 손을 잡으며 그의 문학과 삶을 생각한다. 삶이란 누군가에게 손을 내밀고 누군가의 내민 손을 붙잡는 순간의 연속이 아니겠는가.

함세덕은 자의로 월북했고 6·25 전쟁 때 인민군 선무반의 일원으로 내려왔다. 그래서 우리는 오랫동안 교과서에서 그의 이름을 볼 수 없었다. 그리고 비석은 월북작가 해금 후에 동생이 세웠는데, 비석 후면 글 중 "1950년 6월 29일 서울에서 □사했다"라고 글자 하나가 지워졌다. 지워진 글자는 '전'이다. 훼손된 흔적이다.

묘지 관리인인 조카분은 대학 때 큰아버지 함세덕의 『동승』을 대출받았다고 경찰의 조사를 받았고, 군대에서도 중요 보직에서 제외되는 등 평생 연좌제로 고통을 받았다.

"조용히 잠드신 분의 아픔을 들쑤시는 게 인문학 길이란 말이오?"

지금은 그런 시대가 아니라고 말했지만, 내 설명은 그분 평생의 아픔을 뛰어넘을 수는 없었다. 그러나 그날 저녁 다시 전화가 왔다.

"내 다시 한번 자세히 읽어봤소. 인민군 운운하여 기분 상해 심한 말을 했지만, 마지막 글에 내 울컥했소. 앞부분만 약간 고쳐서 세우도록 하시오."

공원의 많은 안내판을 읽어본 분들은 아실 것인데, 스마트폰으로 검색하면 곧 알 수 있는 이력은 최소한으로 하고, 묘역의 설명이나 고인이 우리에게 던져주는 화두를 중시했다. 최종판은 다음과 같다.

인천 출생. 1936년 21세의 나이로 단막극 〈산허구리〉를 《조선문학》에 발표하며 등단, 1939년 3월 동아일보 주최 제2회 연극경연대회에 올린 〈도념〉(동승의 원제)의 작가로 크게 주목받았고, 이후 《조선일보》 신춘문예에 〈해연〉(1940)이 당선되며 극작가로 자리 잡았다. 초기에는 주로 어촌을 배경으로 한 작품을 많이 썼는데 대표작으로 꼽히는 「동승」이 지속적으로 높은 평가를 받으며 우리나라 초기 최고의 극작가로서 우뚝 섰다. 「동승」을 원작으로 한 영화 〈마음의 고향〉은 1949년도 최고의 흥행작이었고 1988년 월북작가 해금 이후, 〈동승〉은 다시 우리 연극계의 고정 레퍼토리로 사랑받고 있다. 비문의 글처럼 … (이하 상동)

우리나라의 아픈 근대사를 되돌아보는 지금 우리의 관점은 친일 행적을 남긴 이에게도 똑같이 적용되어야 한다. 죄는 미워하되 사람까지 미워할 수는 없으며, 아무리 친일파가 미워도 죽은 자를 모욕하는 것은 산 자의 예의가 아니다. 그들처럼 나 자신도 완벽할 수 없다는 인간의 한계를 이해할 때, 진정한 화합, 통합의 가능성이 열린다.

망우리공원에는 영예뿐 아니라 치욕도 공존한다. 독립지사는 존중받아 마땅하지만 그렇지 못한 사람도 속세를 함께 살다가 이곳에 함께 잠들어 있다. 생전에 무슨 일을 했건 모든 고인을 고이 품고 있는 곳이 망우리공원이다.

13. 뉴트로의 중심, 망우리

2020년 가을, 대산문화재단의 교양계간지 《대산문화》로부터 원고청탁을 받았다. '근대의 풍경'이라는 타이틀의 연재물인데 망우리공원을 주목해 준 것이었다. '근대의 풍경'이 가득한 곳이라는 내용의 글을 써서 겨울호에 실렸다.

망우리공원은 50만 평의 너른 공간에 펼쳐진 울창한 숲속을 산책하며 곳곳에 있는 근대사의 인물을 만날 수 있는 곳이다. 일단 눈에 들어오는 봉분, 비석 등의 모양이 과거의 분위기를 자아내고, 많은 비석에는 근대의 역사와 문화가 당대 최고의 지식인과 서예가의 글로 새겨 있다. 그래서 우리는 고인의 묘를 찾아와 묘역을 둘러보고 비문을 읽는 행위를 통해 다양한 근대의 풍경을 보고 읽는다. 공원을 한 바퀴 도는 도로만 해도 4.7킬로미터이니 그 어느 곳보다 넓고 깊은 '근대의 풍경'이다.

그렇다면, 망우리의 컨셉을 주변 지역으로 확산시키는 방안을 우리는 생각해 볼 수 있을 것이다. 개인적인 아이디어로는, 지금 사진 촬영장으로 이용되고 있는 용마랜드를 역사테마파크로 조성하는 게 어떨까 생각하지만, 예산 규모가 커서인지 별로 호응이 없다. 그게 어렵더라도 망우리공원의 컨셉과 연결되는 거리, 즉 공원에서의 감동을 되새기며 즐길 수 있는 거리를 조성하면 좋을 것이다.

공원에서 이중섭과 박인환을 보고 내려왔다면, 두 분이 술친구라고 하니, 명동에 있었던 막걸릿집, 경상도집이나 은성집이 어디엔가 있으면 좋겠다. 얼큰 취하면 시 한 편 읊고, 〈세월이 가면〉 노래나 한 곡 뽑을 수도 있겠다. 소설가 계용묵 최학송 김말봉 김이석과 시인 김상용 등을 보고 내려왔다면, 그들의 책이 놓인 카페에서 커피 한 잔에 시나 단편 하나쯤 읽고 싶다.

야구팬이라면 우리 야구의 선구자 이영민의 비석을 찾아보고 내려와 근대 야구의 역사가 사진으로 장식된 맥줏집에서 야구 이야기를 나누고 싶고, 안창호와 한용운의 나라사랑에 감동했다면 동료들과 소주잔을 기울이며 그들의 숭고한 삶을 논하고 싶다.

나아가 중랑구 어디에 망우리 인물의 작은 기념관이 있다면 반드시 들러 나머지 공부를 하고 가슴 뿌듯한 충일감으로 근처의 식당을 찾아갈 것이다.

레트로(Retro, 복고)는 한순간의 유행이나 단순한 회상 취미가 아니다. 옛날이 그리운 것은 그때 그 시절이 그리운 것이 아니라, 지금은 메말라버린 그 시절의 순수, 열정, 이상, 사랑의 마음이 그립기 때문이다. 레트로 취미는 과거의 이상적인 순수한 모습의 회복을 바라는 마음이다. 현실의 삶은 치열하여 고민도 많고 좌절도 실패도 있다. 그러기에 우리는 과거에서 위안을 찾고 과거에서 미래의 이정표를 찾는다. 더구나 백

년 전의 근대는 지금의 시작이었기에 지금과 별로 다르지 않아 친근하게 다가온다.

그래서 레트로 문화의 주체는 의외로 중장년이 아니라 청년층이다. 1956년의 이중섭, 박인환, 전혜린이 등장한 뮤지컬 〈명동로망스〉는 2015년 초연 이후 2021년에 세 번째 공연을 했는데 4주의 연장공연까지 했다. 자신의 삶과 꿈을 고민하는 청년들에게 근대의 사람들은 응답한다.

망우리의 뉴트로 컨셉을 잘 살린다면 중랑구는 다른 어느 곳에서도 볼 수 없는 '근대'의 차별성을 가진 문화도시가 될 수 있다.

말 목장 앞[面牧]이었던 면목동을 제외하고 중랑구 전체가 망우리면이었다. 중랑구 안에서 망우리의 감흥이 식지 않을 정도의 가까운 거리라면, 망우리의 적당한 인물, 스토리를 활용한 장소를 만들면 된다. 중요한 것은 실제 거리가 아닌 마음의 거리이다. 과거에는 지자체조차 망우리 이중섭 화백의 존재를 알지 못했다. 마음으로 이중섭은 중랑구에서 머나먼 거리에 있었고 서귀포는 가까운 거리에 있었다.

금란교회 건너편, 즉 '망우로 76길'이 화가 이중섭의 묘로 이르는 최단 코스인데, 2022년 2월, 지역 구의원이 이곳을 '이중섭 거리'로 만들자고 제안했다. 이에 화답하여 구청은 이중섭을 포함한 망우리 문화예술인의 특화 거리 조성의 방향으로 2023년 현재 연구용역을 진행하고 있다.

3부

사잇길에서
생긴 이야기

1. 망우리와
첫 인연을 맺다

대학 1학년 한식 며칠 전, 고교 친구 소형의 전화를 받았다. 여자 친구와 함께 남대문 꽃도매시장에서 국화를 사서 망우리묘지에서 팔고자 하니 근처에 사는 나도 와서 도와달라는 것이었다.

    1학년 때인 1981년의 달력을 검색하니 4월 6일이 한식이고 월요일, 4월 5일이 식목일 겸 일요일이었다. 그때는 토요일도 반공휴일이었으니 꽃을 판 날은 4월 5일이었을 것이다. 당시의 기사를 보면 그 날 약 5만 명이 망우리를 찾았다. 동시에 식목일에는 전국의 헐벗은 산에 나무를 심는 행사가 곳곳에서 열려, 망우리에는 더욱 많은 인파가 몰렸다. 81년 4월 4일의 동아일보는, 전국 3만 3천여 기관 및 동 단위로 240만 명이 3만ha의 산에 3,200만 그루의 나무를 심는다고 전했다.

지금의 중랑망우공간 아래, 13도창의군탑이 서 있는 저류조 운동장에서 국화 다발을 들고 팔기 시작했다. 우리만 있는 것이 아니라 여기저기에 장사하는 사람들이 많아 경쟁이 치열했다. 남들은 뛰어다니며 소리치며 능숙하게 잘 팔았다. 그냥 주뼛거리며 선 채로 제대로 말도 못했고, 아예 집에서부터 꽃을 가져온 듯한 사람도 있어 예상보다 별로 팔지 못했다. 팔지 못하면 버려야 할 식물이라 시간이 지남에 따라 판매 가격은 점점 내려갔다.

많은 사람이 지나쳐가는데 어느 여인이 멈춰 섰다. 혼자 온 여인의 나이는 30대 중반이었을까? 하지만 자신보다 10년 이상 차이가 나면 나이를 잘 가늠하지 못했을 터이니 30대 초반이었는지 모른다. 황토색 트렌치코트에 스카프를 두른 차분하고 단아한 모습의 여인이었는데, 눈가에는 이딘가 우수가 느껴졌다. '목마

와 숙녀' 시에 나오는 버지니아 울프의 얼굴이 떠올랐고 '신사와 숙녀'의 숙녀가 바로 이 여인을 표현하는 말이라고 생각했다. 여인은 내가 들고 있는 꽃을 가만히 살펴보더니 한 다발을 사 주었다. 여인은 꽃다발을 들고 관리사무소로 올라가는 돌계단을 사뿐히 지르밟으며 올라갔다.

두 시간쯤 지났을까. 그 여인이 성묘를 마치고 돌아와 다시 내 앞에 멈춰 섰다. "대학생 아르바이트 하세요?"라고 물었다. 그렇다고 하니 집에 갖고 가겠다며 꽃다발을 두 개나 달라고 했다. 그때 나는 그녀가 선의로 꽃을 사 준다는 느낌을 받았다. 꽃다발을 건네주고 "감사합니다"라고 고개를 꾸벅하자 그녀는 꽃다발에 잠시 코에 갖다 대고 향기를 맡았다. 꽃을 든 여인의 얼굴이 더 화사하게 보였다. "그럼, 수고 많이 하세요, 학생." 여인은 옅은 미소와 함께 이 말을 남기고 뒤돌아서 길을 내려갔다. 시야에서 사라질 때까지 나는 여인의 뒷모습을 계속 지켜보았다.

그녀는 홀로 누구의 묘를 찾아왔을까. 얼굴은 지금

또렷이 그릴 수는 없지만, 곱고 온화한 이미지는 지금도 머리에 남아 있다. 어리숙하게 보이는 아르바이트 대학생을 도와주고자 한 그 마음을 느꼈기 때문일 것이고, 무엇보다 내가 버지니아 울프, 마리 로랑생, 루 살로메 같은 이미지의 연상 여인을 흠모하는, 갓 스무 살의 '젊은 베르테르'였기 때문일 것이다.

친구와 내가 꽃 판매 대금을 결산해보니, 투자한 원금을 간신히 건진 정도였기에 수고비는 한 푼도 받지 못했다. 건너편 중국집에서 자장면 곱빼기와 소주를 얻어먹고 집으로 돌아왔다.

이것이 망우리와 첫 번째 인연이었다. 그때는 입구에만 서 있었고 위까지는 올라가지 못해 망우리는 아직 내 가슴에 들어오지 않았다. 단지 꽃을 든 여인이 있는 풍경만 한 폭의 그림으로 뇌리에 새겨졌다.

2. 상봉동 대학생의 일기

"어떤 계기로 망우리에 관심을 갖게 되었어요?"

망우리공원 강의 때 가장 많이 받는 질문이다. 대학 2학년 말, 상봉동 중화초 앞에 살 때 처음 망우리공원에 간 날의 일기(1983.2.28.~3·1.)를 소개한다. 일기의 날짜 아래에, 놀랍게도 "망우리에 대한 소묘. 르포, 하자"라고 쓰여 있다. 상봉동에 살던 대학생은 26년 후인 2009년 4월, 『그와 나 사이를 걷다』 초판을 냈다.

어제는 망우리공동묘지를 가다. 나의 의식에는 '시인 박인환의 死'와 함께 가끔 공동묘지가 떠올랐는데 어제야 비로소 발길을 내디딜 수 있었다.

아무도 없는 곳에 혼자 배회하는 것처럼 청승맞은 것이 어디 있겠냐만 나에겐 이런 것이 이미 진력날 정도로 경험이 많다. 아무리 고독하더라도 최소한 그의 고독을 메워 줄 수 있는 '그 무엇'이 있다면 그의 고독은 쓰리지 않다. '그 무엇'은 내면의 충일감, 자신감 같은 것이리라.

걸어서 얼마 안 걸리는 곳이기에 또 차비도 없어 걷기로 했다. 길가에는 석재공장이 드문드문 있어서 묘지 냄새를 거기부터 맡게 된다. 많은 비석용 돌, 검은 돌(비싼 돌). 석상들이 서 있는 것이 사람들 같은 인상을 준다. 팔려나가길 기다리는 석인들. 그들은 정승들. 누구의 무덤을 지키는 석상이 되려는가. 어느 관리의 어느 부자의 잠든 곳을 지켜 주려는가. 석공들은 옛날과는 달리 망치와 정뿐만이 아니라 여러 기구를 갖고 돌을 깎는다. 그렇게 다보탑도 멋들어지게 깎아 세우고 성모마리아, 불상, 소, 말 등도 만드는 것이다. 어느 석재공장 구석에는 등불을 밝히는 석등이 열을 지어 세워져 있다.

이십여 분을 걸어 산기슭에 다다랐다. 왼쪽으로 시멘트로 포장된 좁은 길이 보인다. 자그마한 초라하게 보이는 무덤들이 좌우로 있다. 비석을 봐도 자그마한 돌비석이다. 어느 무덤에 '학생'이라고 쓰여 있기에 난 어떤 학생이 요절했는가 생각했으나 알고 보니 벼슬하지 않은 사람을 가리키는 유교식 비문이라고 한다. 기독교 신자의 비석엔 십자가가 그려져 있다. 아무개 장로라고 쓰인 비석도 있고 기독교인의 무덤이 꽤 많이 보여 난 잠시 그들이 결국 구원을 받았는가 하는 의문이 생겼다. 비석이 없는 혹은 없어졌는지도 모르는 무덤도 있다.

비석의 경우, 크기와 돌의 종류로 죽어서까지 지위의 차이가 있음을 보게 되는데 한용운, 오세창, 조봉암 등의 비석은 웅장하다. 내가 발견한 이로는 3·1운동 33인의 한 분인 이갑성의 부인 차숙경. 이런 이의 비석 위엔 그의 약력이 적혀 있으나 이름 없는 어느 부자의 비석엔 그저 자식들 이름만 있다.

또, 어느 비석에는 자식들이 어머니를 기려서 글을 적어 놓았는데, "인생을 홀로 가정을 이끄시어 자식을 훌륭히 키우셨다. 어머니를 생각하여 이 비를 세운다"라고 하여 자식들의 효심을 느끼게 한다. 반대로 20세에 요절한 아들을 기려 비석을 세웠는데 "바람이 부나 비가 내려도 너는 영원히 우리 가슴에 있다"라는 부모의 글이 애처롭게 다가왔다. 작곡가 채동선의 묘(2012년 이장)에는 가곡 〈그리워〉의 가사가 적혀 있다. 음악평론가 한상우의 글. 야구인 이영민의 비석, 대한야구협회가 세움. 그리고 어느 서민의 단 하나의 비목 "아버님 잠드신 곳"이라고 검은 페인트로 쓰고 다 지워져 연도를 알 수 없다.

정상 가까이 다다랐을 때, 도시를 내려다보았다. 서울의 시가지는 시끄럽게 어떤 질서에 의해 계속 숨쉬고 있다. 차들은 끊임없이 어디론가 가고 있는데 어디론가 가지 않고 서 버리는 것이 죽음을 말한다는 듯, 끊임없이 어디론가 간다. 지금도 저 건물들 안에서 공원에서 거리에서는 애욕과 투쟁과 갈등이 존재하고 그렇게 모두가 숨 쉬며 이곳 공동묘지(죽음)를 잊고 살아간다. 정말 저곳은 이곳과 전혀 관계를 맺지 않고 있는 듯 스스로 살아간다. 이곳은 한적하다. 조용하다. 무덤은 단지 일 년 중의 어떤 날을 기다리며 또 기다리며 잠들어 있는 이의 지붕인가 ….

그리고 얼마 전 이사를 하며 책을 정리하다가 어느 시집의 표지 안쪽에 이런 메모를 발견했다. 아직 회사원이었던 1997년의 글이다.

1997.8.16. 개포도서관에서
갑자기 망우리공동묘지가 생각 키워지는 나날이다. 15년 전의 기억이 살아나 이제 정리, 확장을 요구하고 있는 듯하다. 글을 쓸 수 있을지 확신은 없지만 일단 그 욕구는 커 가기만 한다. 햇볕 내리쬐는 묘지의 풀밭에서 가을의 높은, 구름 있는 푸른 하늘을 쳐다보는 나의 모습이 곧 내일이나 며칠 후의 사실로 존재할 것만 같다. 지금 머리는 몽롱한 상태에 있는 듯 무엇 하나 클리어한 알맹이를 만들어 내지 못할 듯한데 가슴은 그래도 아직 이렇게 과거를 갈망하는가. 고갱의 삶이 이기적인 것인가? 어떻게 살아야 한다는 것이 명제가 아니라 그 인간이 얼마만큼 이기적인지, 가 아닐지. 무엇을 하고 싶어 하는지, 또 얼마만큼 그 하고 싶음의 실천욕구를 갖고 있는지가 생의 모습을 결정짓게 되리라. 번잡한 투쟁 속의 삶을 벗어나고자 새로운 형식의 것을 추구하고자 하지만, 과연 인간은 인간으로부터 먹이를 얻는 한, 원초적 투쟁이냐, 조직화된 현대적(?) 투쟁이냐의 구분이 있을 뿐 본질은 다르지 않다. 다만 대소, 경중의 차이가 있을 뿐. 나는 망우리를 어떻게 작품화할 수 있을까 생각 중.

이 메모를 보면 망우리의 인상은 내 안에 깊이 자리 잡고 있었던 것 같다. 유명 인사가 십여 명쯤 있는 것으로 알고 있던 그때에도 수필 한 편쯤의 분량으로 끝낼 생각이 아니었다는 것이 지금 생각하면 놀랍기도 하다.

3. 책이 세상에 나오기까지

묘지에서 역사공원으로의 변천에 적잖게 이바지했다고 나로서도 자부하는 최초의 망우리 책 『그와 나 사이를 걷다』가 세상에 나오기까지의 과정을 쓴다.

1999년 3월 31일부로 일본 종합상사 서울지점을 퇴직했다. 1988년 9월에 입사할 당시 월급이 국내 대기업의 두 배 수준이었고 토요일은 휴무였다. 그러니 아무래도 회사를 그만두려면 큰 용기가 필요했다. 다행히(?) 명예퇴직제도가 생겨 35세 이상이라면 퇴직금 외로도 3년 치의 연봉을 준다고 했다. 나도 손을 들이 퇴직자 중에는 최연소로 회사를 나왔다. 회사에는 지금도 고마운 마음이 있다. 아무것도 가진 게 없는 빈손의 신입사원은 회사 덕분에 전세 아파트도 장만하고 결혼도 할 수 있었다.

퇴직한 바로 다음 날부터 일본어 번역도 하고 무역도 하는 개인회사를 만들어 새롭게 출발했다. 수입은 회사원 때보다 줄었지만 몇 년 후에는 수입이 더욱 늘 가능성도 있고, 일단 내가 하고 싶은 문학에 투자할 수 있는 시간을 확보할 수 있었다.

그때 주식 광풍이 불었다. 간접 투자상품에 넣어 돈을 벌다가 아예 직접 투자로 나섰다. 매일매일 오르는 주가에 한동안 기뻐했지만, 어느 날부터 내리꽂히는 주식에 물타기만 하며 발을 빼지 못해 결국 투자액의 반 이상을 날려버렸다. 감자(減資)가 뭔지 그때 처음 알았다. 뭐 하러 회사를 나왔던가!

대학 때 일본문학을 전공했기에 일본문학을 읽고 리뷰를 올리는 홈페이지 '일본문학취미'를 만들었다. 일본 시와 하이쿠, 문화, 문학 전반을 소개하면서 적어도 한 달에 한 편 이상의 일본 소설을 읽고 감상문을 올리는 일을 3년 동안 계속했다. 그러다 보니 내 사이트는 누구나 인정하는 일본문학 관련 최고의 콘텐츠로 인정을 받아 2012년 문예진흥원의 '우수문학사이트'에 선정되어 3백만 원의 지원금을 받았다. 그때의 콘텐츠는 아직 남아 있지만, 지금은 '그와 나 사이를 걷다'로 타이틀을 바꿔 망우인문학 중심으로 운영하고 있다.

블로그 운영은 글쓰기 연습에 큰 도움이 되었다. 2012년 가을 계간지 《리토피아》에 수필가로 등단했다. 수필을 뽑아주는 문학지는 손꼽을 정도로 적었다. 당선작으로는 선정되지 않았지만, 그때 응모한 작품 중에 '망우리공동묘지'라는 글도 들어 있었다.

잡지와 동인지에 작품을 발표하면서 망우리에 관한 글을 새로 쓰기 위해 오랜만에 망우리공원을 찾아갔다. 군대 가기 전까지 중랑구에서 살았고 제대 후에는 동네를 떠나 이문동, 모진동에서 살았고, 결혼 후에는 개포동에서 살았기에 중랑구에는 가끔 친구를 만나러 갔을 뿐 망우리공원까지 갈 기회는 없었다. 그러니까 대학 2학년 때 찾아간 이래 20년 만이었다.

망우리묘지는 과거의 황량한 모습은 사라지고 울창한 숲의 공원으로 변모해 있었다. 둘러보는 가운데 내가 몰랐던 유명 인사의 묘도 새로 보였다. 관리사무소도 모르는 유명 인사가 여럿 있었고, 또 이런 유명 인사가 있다고 말해도 전혀 반기는 분위기가 아니었다. 문화는 관리사무소 업무 외의 영역이었다. 누군가 나서서 유명 인사를 정리해야 하며, 동시에 행정당국의 정책을 바꾸는 노력을 해야 한다고 생각했다.

주중에는 회사 일을 해야 하니 매주 토요일에 공원을 돌아다녔다. 큰길과 좁은 길, 사잇길을 돌아다니면서 새로운 발견의 기쁨을 늘려갔다. 일요일에는 주로 서초동 국립중앙도서관을 찾았다. 지금이야 인터넷에서 옛날 신문기사를 찾을 수 있지만, 그때는 국립도서관의 자료실에서 신문 원본이나 필름 형태의 신문과 잡지를 하나하나 들춰야 했다. 그렇게 3년 정도 하니 한 권 분량의 원고가 만들어졌다.

스프링 제본을 10권 만들어 여러 출판사에 보냈

다. 연락이 없는 게 당연했다. 무명작가에 무명의 망우리묘지 아니던가. 죽음의 대명사로는 유명하지만, 인문학적 견지에서는 무명이었다.

그런데 반갑게도 한국 굴지의 문학잡지사 M사 담당자로부터 연락이 왔다. 사장이 직접 만나보고 싶다는 말이었다. 다음 날 설레는 마음에 집을 일찌감치 나서서 M사를 찾아갔다. 사장과 직접 면담을 했다. 망우리가 이런 곳인 줄 몰랐다, 글이 탄탄하다, 일단 잡지에 연재를 시작하고 나중에 단행본으로 내자, 라는 기쁜 말을 들었다.

며칠 후 우편으로 온 계약서에 도장을 찍고 돌려보낸 후 연재 진행에 관한 담당자의 연락을 기다리는데, 한 주가 지나고 두 주가 지나도 연락이 없었다. 사내에서 문제가 생겼다. 사장이 결정했지만, 상무가 틀어버렸던 것이다. 알고 보니 사장은 오랫동안 기업에서 일하고 경영자로서 최근 새로 영입된 사람이고, 상무는 출판계에서 평생을 일한 사람. 사장 본인이 나름 책을 많이 읽는 지식인으로서 회사 일을 하나 결정한 것인데, 출판계 실정을 모른다며 임원이 뒤집은 것이었다. 무명작가의 이런 내용은 시장성이 없다는 것. 둘 사이의 갈등에 회장이 나섰고 결국 회장은 상무의 손을 들어주었다.

사장과 담당자는 내 사무실이 있는 빌딩 커피숍으로 직접 찾아와 계약의 파기를 말하며 사과했다. 십수 년의 비즈니스 생활을 하면서 도장을 찍은 계약을 뒤집는다는 건 나로서는 경험치 못한 황당한 일이었지만, 우리나라 출판계 더구나 큰 회사도 이런가 하며 받아들일 수밖에. 그때 "번역도 하시니 조만간 번역 건이라도 …"라는 사장의 말은 실현되지 않은 립서비스에 불과했다. 나는 아직 그 계약서를 보관하고 있다.

다시 분발하여 원고를 새로 썼다. 몇 달 후에 《신동아》에 원고를 보냈는데, 곧바로 연락이 왔다. 편집장이 보기에 우리나라에 보기 드문 '비명문학'으로서 흥미롭다는 판단이었고, 처음에는 별책 부록으로 내려다가 연재하기로 했다. 사학과 출신의 기자가 담당자가 되어 내 원고를 검증하면서 진행하게 되었다.

2008년 1월부터 〈망우리 별곡〉이라는 타이틀로 연재했다. 매달 원고지 50매 분량을 쓰다 보니 내용이 더욱 깊고 넓어졌다. "선생님만의 특종을 쓰라"는 담당 기자의 조언에 따라 나만의 새로운 사실을 찾고자 노력했고 유족과의 인터뷰도 몇 편 넣었다.

9월에 편집장이 바뀌며 전체적인 쇄신 작업으로 내 글의 연재도 마무리되었다. 원고를 다시 고쳐서 2009년 4월 초판 『그와 나 사이를 걷다 - 망우리 비명으로 읽는 근현대 인물사』를 골든에이지 출판사에서 출간했다. 지금 최고의 이순신 연구가로 우뚝 선 박종평 작가의 출판사였다. 그해 문광부 우수교양도서로 선정되었다. 그러나 골든에이지의 사업 중단으로 2015년의 개정판과 2018년의 개정3판은 『그와 나 사이를 걷다 - 망우리 사잇길에서 읽는 인문학』이라는 제목으로 호메로스 출판사(대표 김제구)에서 출간했고, 2023년 7월 출간한 개정4판 『망우역사문화공원 101인 -그와 나 사이를 걷다』는 파이돈 출판사에서 출간했다. 파이돈의 김일수 내표는 원래 2008년에 초판 출간 작업을 진행하다가 불가피한 사정으로 원고를 골든에이지로 넘긴 사연이 있다. 김일수 대표로서는 돌고 돌아 15년 만에 다시 출판하게 된 셈이다.

    대단한 작가도 아니라 외람되지만, 마지막으로 작가의 꿈을 가진 청년에게 한마디 전하고 싶다. 따로 하고 싶은 일이 있겠지만 돈은 벌어야 한다. 가족과 친구에게 폐를 끼치며 이기적으로 살아갈 것까지는 없다. 인생은 길다. 꾸준히 조금씩이라도 꿈의 줄기를 유지해 간다면 언젠가는 열매를 맺을 수 있다. 전업작가는 오히려 계속 무언가를 만들어 내야 하므로 괴로울 수 있다. 새로움 없이 같은 말을 엇비슷하게 반복하는 작품은 세상에 필요 없다. 작가라는 타이틀이 아니라 좋은 작품이 목표여야 한다. 남 흉내 내지 말고 자신만의 길을 찾아가라. 세상에 이로운 단 하나의 작품에 최선을 다하라. '꿈은 (꾸준히 노력하면) 반드시 이루어진다'

4. 그 남자가 바람피우는 장소

평일에는 생업 때문에 시간을 내지 못한 남자는 거의 매주 토요일 망우리를 찾았다. 그렇게 주말에 혼자 망우리를 돌아다닌 것이 몇 년이던가. 당연히 남자의 망우리행은 아내의 눈살을 찌푸리게 했다. 매주 어떤 여자와 바람을 피우고 있는 게 아닌가 하는 오해도 받았다. 어쩌다 부부싸움을 하게 되면 남자의 망우리행은 자신밖에 모르는 이기주의자의 대표적 사례로 제시되었다.

어느 토요일 오후, 남자는 아내를 데리고 망우리를 찾았다. 그냥은 따라나서지 않을 것 같아, 망우리는 잠깐만 보고 가까운 재래시장에 가자, 우림시장이라고 하는데 모든 게 싸고 좋다고 유혹했다. 이참에 자신이 하는 일이 무엇인지 직접 보여주고 싶었다. 아내도 또 이 남자가 매주 바람피우는 현장을 자신의 눈으로 확인하고 싶었다.

몇몇 유명 인사 묘역을 찾아간 후 어느 서민의 비석 앞으로 데려갔다. 그곳에는 먼저 하늘로 간 아내에게 바치는 남편의 말이 새겨져 있었다.

앞면에는 "박○○ 자는 곳. 님이 가시면서 부탁한 그대로 어린것들을 나 혼자서라도 잘 키우리이다. 님이여, 우리 다시 만나는 영원한 나라에 빛나는 나라에 함께 만나리, 다시 만나리. 갈린몸 ○○."

그리고 뒷면에는 "님이여 그대가 마즈막 말로 편안치 않지만 잘 터이니 깨우지 말우 하면서 곱게 자던 그 얼굴을 나는 똑똑히 이 눈으로 보았나이다. 잘자오 님이여. 아름다운 그 말이여. 님이 자고 있는 이곳에 나는 님이 하시던 말을 그대로 기록했나이다. 1954년 ○월 ○일 아침 6시 묘주 ○○."

비문을 찬찬히 읽어주고 남자는 이렇게 말했다. "여기 '갈린 몸'이라는 말 감동적이지 않아? 부부는 일심동체였으나 사별하니 갈린 몸이 되었다는 말이지. 그리고 성경에도 이런 비슷한 말이 나오지?" 남자는 스마트폰을 검색하여 읽었다. "그 둘이 한 몸이 될지니라. 이러한즉 이제 둘이 아니요 한 몸이니 그러므로 하나님이 짝지어 주신 것을 사람이 나누지 못할지니라 하시더라(마가10:8~9). 이 비석 남편의 말이 바로 내 마음과 똑같아…"

아내는 고개를 끄덕였다. 비문을 통해 부부의 정이란 무엇인지 새삼 깨달은 표정이었다. 묘역을 벗어나 다시 사잇길을 걸으며 남자는 슬며시 아내의 손을 잡았다. 아내는 손을 뿌리치지 않고 밉지 않은 눈을 흘겼다.

이제 공원을 내려가 우림시장의 맛집에서 술잔을 나누면 오늘 하루는 성공적인 마무리가 될 터였다. 그런데 길을 좀 더 가니 어떤 서민의 비석이 눈에 띄었다. 그 비석의 앞면에는 이렇게 세겨져 있었다.

가운데에는 '전주 이씨 ○○지묘', 좌측에 '유인 풍천 임씨', 우측에 '유인 문화 유씨'라고 되어 있다. 유인(孺人)은 원래 9품 벼슬 남자의 부인에게 붙이는 품계인데, 비문에서는 벼슬을 하지 않은 남편의 부인에게 붙이게 되었다. 즉 남편인 전주 이씨 좌우로 부인 둘이 합장되어 있는 것이다.

아내에게 이것을 찬찬히 설명해 주었다. 그런데 마지막에 남자는 무심결에 이런 말을 내뱉었다. "옛날 남자들이 참 부럽군!" 그 순간 '아뿔싸!' 했지만 이미 내뱉은 말은 집어삼킬 수 없었다. 아내는 이번에는 정말 못 말리겠다는 눈으로 남자를 째려보더니 이렇게 말했다. "역시나 마음속에 바람이 잔뜩 들어 있네!"

'갈린 몸'이 적힌 위의 비석은 산책로 오른쪽 길로 가서 화장실을 지나 계속 용마산 방향으로 직진하면 오른쪽 아래에 있었다. 그런데 어느 날 가보니 이장되어 찾을 수 없었다. 당시의 풍경 사진을 보관하고 있으니 아마 땅에 묻혀 있을 비석, 언젠가 발굴을 시도해 볼 생각이다.

5. 한국내셔널트러스트 망우리위원회

지금은 여러 매체가 글과 영상을 통해 망우리공원을 서울의 대표적 명소로 소개하고 있지만, 2009년 내가 망우리공원에 관한 최초의 저서 『그와 나 사이를 걷다』을 냈을 때는 "웬 묘지?"라는 반응이 대다수였다. 출판사 사장은 책을 들고 직접 언론사를 돌아다녔는데, 어느 곳에서는 "아침부터 칙칙하게"라는 말을 듣는 수모도 당했다.

세상은 그렇다 치더라도 지역구인 중랑구에서조차 2013년까지 관심을 보여주는 사람은 없었다. 대학 졸업 후 중랑구를 떠났기에 공백이 큰 탓도 있겠지만 솔직히 섭섭했다. 지역에서는 망우리의 많은 문화예술인의 존재를 모른 채, 단지 '항일애국공원'으로 만들자는 의견이 주류였다.

그러다가 우연한 기회에 망우리에 계신 조각가 권진규를 새로 발굴하게 되어 2010년 성북구 동선동의 권진규 아틀리에를 방문하고 내셔널트러스트(NT, National Trust)를 처음 알게 되었다. 당시 권진규 아틀리에는 우리나라 내셔널트러스트 운동에서 '기증'으로 문화유산이 보존된 세 번째 사례였다. NT에서는 권진규의 여동생으로부터 2006년 기증을 받고 유품을 보존처리하는 작업을 거쳐 2008년에 일반인에게 개방을 했다.

그 후 2012년 나는 (사)한국내셔널트러스트의 '꼭 지키고 싶은 우리의 자연·문화유산 공모전'에 '망우역사문화숲길'이라는 타이틀로 응모해 차석인 산림청장상을 받았다. 이것을 계기로 서울시는 2013년에 망우리공원을 서울미래유산으로 지정했고, 나는 다시 2013년 서울연구원으로부터 서울스토리텔러 대상도 받았다.

공감의 손을 내밀어준 단체인 NT와 함께 망우리 사업을 시작한 것은 그즈음이었다. 나처럼 망우리에 애정을 갖고 각기 활동하던 전문가들을 끌어모아 망우리위원회를 조직하고 지금까지 십여 년간 적잖은 일을 했다. 망우리의 발전을 말하는 역사에 이들의 이름은 반드시 기록되어야 한다.

한철수 시인은 한국문협 구리지부장을 두 번이나 지낸 구리시의 대표적인 문화예술인이다. 2008년 《신동아》에 '망우리별곡'을 연재할 때 온라인으로 알게 되었다. 망우리에 관해 글을 올린 사람은 몇몇 있었지만 지속적으로 충실한 내용을 쓴 이는 한 시인이 유일했다. 책을 낸 후에 처음 만났는데 알고 보니 고교 1년 선배였다. 망우리공원이 행정적으로 구리시와 중랑구로 나누어져 있어 구리시와의 협의에 중요한 창구 역할을 맡고 있다.

김수종 작가는 여행전문작가다. NT의 문화유산 답사의 대표 헤설사로 해방촌이나 창신동 등 서울 구석구석을 누비고 다닌다. 대마도 전문가이기도 하다. 위원회가 기획하여 교보생명의 후원으로 2017년부터 수행한 청소년 묘역 문제풀이 행사 '망우리공원, 도전! 러닝맨'의 T/F장을 맡았다.

    박종평 작가는 이순신에 관해 가장 많은 저서를 출간한 이순신 전문가, 역사저술가다. 초판을 출간한 출판사의 대표로 인연을 맺었다. 총독부 초대 산림과장 사이토 오토사쿠의 묘를 발견했다.

    조운찬 작가는 경향신문 중국특파원, 문화에디터, 논설위원 출신이다. 고전번역원에서 한문을 수학하여 망우리 비문의 한문 번역에 큰 도움을 주고 있다. 나에게 이태원묘지무연분묘합장묘와 유관순 열사의 관계에 대해 조사해 보라는 힌트를 주었다.

    정종배 시인은 2021년까지 함께 활동했다. 중고교 국어교사 출신으로 최학송 소설가의 묘지 관리인이며 기념사업회를 이끌고 있다. 특히 도전 러닝맨 행사에서 학교 인맥으로 중고교 학생의 동원에 큰 도움을 주었다.

김금호 NT 사무처장은 역사교사 자격증을 갖고 있다. 심한 길치임에도 불구하고 흥사단원 이영학의 묘와 독립지사 김승민의 비석을 발견했고, 도산 안창호 선생의 구비를 도산공원에서 망우리로 2016년 재이전할 때, 서울시설공단과 흥사단의 협력을 얻는 데 큰 역할을 했다.

그밖에 NT의 전 이사장 이은희 서울여대 교수와 운영위원장 윤인석 성균관대 교수는 2014년 서울시 용역을 함께 수행했다. 「시립 망우리묘역의 가치제고를 위한 연구용역」과 「망우묘지공원 내 인문학길 조성 연구용역」은 망우리공원에 관한 최초의 학술용역이었다. 이에 바탕을 두어 2016년에 대대적인 공사가 이루어졌다.

그리고 2017년 망우리공원의 독립지사 8인이 문화재청에 의해 국가등록문화재로 지정된 것은, 당시 문화재청 근대문화분과위원회 위원장이었던 윤인석 교수의 힘이 컸다.

2021년에는 중랑구청의 용역으로 묘역 인물 전수

조사를 수행했다. 그동안 거의 혼자 돌아다니며 작업하여 유명 인사는 거의 다 찾았다고 생각했는데 결과는 놀라웠다. 혼자보다는 함께하는 작업이 큰 효과를 얻는다. 혼자는 이상하게도 가는 길만 가게 된다. 뜻이 같은 사람들이 그리는 동선은 서로의 빈 곳을 채워준다. 역사적 인물과 의미 있는 서민의 비명을 많이 발굴하여 '100명이 넘는 역사인물과 서민'이라고 설명하기 시작했다. 개정4판 『망우역사문화공원 101인-그와 나 사이를 걷다』라는 제목도 이를 반영한 것이다.

2022년 가을에는 전수조사로 새로 밝혀진 인물을 추가한 인물총람 용역을 수행하여 2023년 6월 중랑구청에 보고서를 제출했다.

6. 세계 최초의 묘역 퀴즈 행사, 도전! 러닝맨

NT의 망우리분과위원회는 2013년부터 서울시설공단 주최의 초중고생 대상 '묘역 따라 역사 기행'을 주관했다. 망우리 역사상 첫 번째의 프로그램이었다. 찾아온 학생들은 먼저 공원 개요를 듣고 유명 인사 묘를 두세 곳 방문, 돌아와서 각자 자신의 비문을 쓰고 발표하는 것으로 마무리한다. 해마다 금세 예약이 차는 인기 프로그램으로 정착되어 현재 중랑구청 주최, NT 주관으로 '청소년 인문학 강의'라는 타이틀로 진행하고 있다.

그리고 망우리분과위원들이 자유롭게 아이디어를 주고받는 회식 자리에서 묘역에서의 역사 퀴즈 이

벤트가 탄생했다. 공원이 청소년들에게 교육적으로 매우 좋은 장소이지만 발길을 끌기 위해서는 무언가 흥미 유발의 요소가 필요했다. SBS의 런닝맨(Running Man)에서 착안하여 '망우리공원, 도전! 러닝맨(Learning Man)'이라 칭하고, 때마침 교보생명 사회공헌위원회의 지원 사업에 선정되어 2017년부터 개시하여 코로나 직전까지 계속했다.

중고생 3~5명으로 구성된 모둠에게 지도를 건네주고 직접 묘역을 찾아다니며 문제를 풀게 한다. 모둠 중에 누구는 문제를 잘 풀고 누구는 지도를 잘 찾아다니고 누구는 쓰레기를 줍는 식으로 함께 과제를 해결한다. 어느 학생들은 책의 각 부분을 나눠 읽고서 참여했다. 그저 경품을 받거나 자원봉사 시간을 따기 위해, 혹은 친구들과의 산책에 의미를 둔 학생도 있었지만, 망우리에서의 체험을 제공하는 것만으로 충분했다.

코로나 전에는 묘역에서 문제를 내는 자원봉사자를 두 명씩 두고 길목마다 길잡이도 배치하고 문제 풀이의 찬스권(전화, 인터넷 검색 등)을 주는 X맨도 서너 명

돌아다니게 했다. 최대 15곳까지 찾아가게 하니 50여 명의 자원봉사자가 투입되고, 참가 학생도 100명 이상, 따라온 학부모까지 합하면 200명 이상의 큰 행사였다. 매월 1회씩 치르고 11월에는 왕중왕전 행사도 치렀다.

그러나 비가 올 때면 참으로 난감했다. 어쩔 수 없이 저류조공원의 게이트볼장을 빌려 골든벨 방식으로 치렀는데 매번 어르신들에게 폐를 끼쳤다. 나는 실제 활용의 전문가라는 자격으로 중랑망우공간의 기본 설계에 참여했던 터라 100명 이상 수용 가능한 실내 공간을 계속 주장했으나 결과는 기대에 한참 미치지 못한다.

코로나 이후 비대면 형식으로 전환했다. 지금은 묘역 안내판에 QR 코드가 붙어 있어 스마트폰을 갖다 대면 문제가 뜬다. 현재 중랑구청 주최, NT 주관 행사로 이어지고 있는데 예약이 금세 차서 앞으로 확대 운영이 필요하다. 어디서나 볼 수 있는 행사가 아니라 세계 최초의 유일한 묘역 퀴즈 행사이다.

가족끼리의 행사도 몇 번 치렀는데 호응이 좋았다. 가족과 함께 공원에서 유명 인사 묘를 찾아다니며 문제를 풀었던 기억은 소중한 추억으로 남을 것이다.

우리의 부모와 조부모 시대에는 나무를 많이 심어 망우리공원은 아름다운 시민의 공원이 되었다. 이제 우리는 자라나는 아이들의 마음에 나무를 심는다. 아무 생각 없이 찾아갔던 망우리공원, 그러나 먼 훗날, 외롭고 슬프고 괴로울 때 다시 여기를 떠올리고 찾아올 수 있다면 그것으로 충분하다. 망우리공원은 다시 찾아오는 그들을 부모님의 품처럼 포근하게 품어줄 것이다.

7.   쓰러진 비석을
     바로 세우다

임시정부 김구 주석의 측근이었던 남파 박찬익(1884~1949, 독립장)의 묘는 1993년 현충원으로 이장되었지만, 부부의 허묘가 남아 있고 비석 두 개가 서 있다. 작은 것은 1949년 별세 당시에, 큰 것은 1964년 아들 박영준이 세웠다. 큰 비석의 비문은 시인 조지훈이 지었는데 맨 마지막 글은 망우리공원 최고의 명문이 아닐까 생각한다.

깊이 감추고 팔지 않음이여 지사의 뜻이로다. 한 조각 붉은 마음이사 백일(白日, 빛니는 해)이 비치리라

겉으로는 나라와 국민을 위한다고 말하면서도 실제로는 자신의 영달을 위해, 표를 위해 자신을 팔고자 하는 정치인들을 보면 더욱 남파의 말이 떠오른다. 이렇게 자신을 감추고 묵묵히 자기 일을 다 하는 사람이 많고 그런 사람들이 존경받는 사회가 되어야 한다.

그런데 큰 비석은 윗부분에 접합한 흔적이 있고 갓머리도 새것이다. 나는 2009년 4월 『그와 나 사이를 걷다』 초판을 출간하고 출판사 대표와 함께 망우리 위인들을 찾아가 술 한 잔과 책을 바치고 일일이 인사를 드렸다. 그런데 박찬익 묘에 들어서자 비석이 앞으로 쓰러져 두 동강이 나 있는 게 아닌가. 소중한 독립지사의 비석이 쓰러진 채 방치되어 있다니!

45년간 아무 일 없던 비석이 쓰러질 리가! 혹시나 누가 밧줄을 걸어서 일부러 잡아당긴 게 아닐까 하는 의심도 갔다. 마침 그즈음 도산공원 내에 벤치에 앉아 있는 모습의 도산 동상(銅像)의 발을 누군가 훼손한(잘라간) 사건이 있었다. 물증이 없으니 2008년 여름의 태풍에 쓰러진 것으로 판단할 수밖에 없었다.

관리사무소에 알렸지만, 묘지는 개인 관리이므로 아무런 조치를 할 수 없다는 대답을 들었다. 그때만 해도 관리 주체는 망우리공원 내 문화유산 보전에 대한 생각이 크게 부족했다.

2014년 2월 망우리를 찾아온 머니투데이 기자에게 그 모습을 보여줬다. 젊은 여기자는 "헐" 하며 혀를 내둘렀다. 기자가 쓴 「95주년 3·1절, 버려진 독립지사들의 묘비」라는 제목의 기사는 3월 1일 스마트폰 네이버 탑 기사로 올라가 댓글이 7백 개 이상 달렸다. 서울시(시설공단)는 부랴부랴 2주 후에 복원공사를 수행했다. 그런데도 "우리가 할 의무는 없지만 시민이 오해하고 있어서"라고 관계 공무원은 말했다. 관리 주체가 존재하지 않았다.

독립지사 계산 김승민(1872~1931)은 1994년 현충원 이장 후에 비석을 땅에 묻고 갔다. 2016년 9월, 한국내셔널트러스트의 김금호 사무국장은 소설가 최학송 묘 뒤편의 숲속에서 흙 속에 묻힌 비석을 발견했다. 이름이 적힌 앞면의 한문 글씨기 심상치 않았고(서예가

학남 정환섭의 글) 뒷면에는 '대통령이 …(훈장을)'라는 글이 보였다. 이름을 검색하니 만주에서 독립운동을 한 김승민 선생으로 1990년 애국장 서훈을 받은 인물이었다.

크레인이 못 들어간다는 등 공사가 어렵다고 하기에 NT 망우리분과위원장 명의로 서울시설공단에 복원 요청의 공문을 보냈다. 이제나저제나 회신을 기다렸는데 어느 날 현장에 가보니 글쎄 비석이 바로 세워져 있는 게 아닌가. '관리의 책임은 개인에게'라며 매번 법적 근거 없는 업무를 시키는 것에 대한 불편한 심정의 표현이었을까. 아니면 묵묵히 기다리는 민간인에게는 결과를 알려줄 의무도 필요도 없다는 것이었을까.

2022년 봄, 손녀분이 우연히 인터넷을 통해 이 사실을 알고 한국내셔널트러스트에 감사의 전화를 해주었고 얼마 후 위원들과 함께 만나 조부 김승민에 관련된 많은 이야기를 들려주었다.

경서노고산천골취장비는 서울 서쪽 노고산(서강

대 뒷산)의 공동묘지를 없애며 무연고 묘를 이곳에 합장하고 1938년에 세운 비석이다. 비석 아랫돌에 한문이 가득한데 위의 제자(題字)를 쓴 이가 오세창이라 쓰여 있다. 살펴보니 윗부분에 접합의 흔적이 남아 있었다. 몇십 년간 그 돌은 떨어져 마치 상석처럼 누워 있었다. 2014년 서울시 용역보고서 제출 시 복원을 요청했는데 2016년 인문학길 공사 때 빠졌다. 몇 번의 요청 끝에 마침내 2019년 가을에 복구되었다.

쓰러진 독립지사의 비석을 바로 세우는 일은 민족정기를 바로 세우는 기본적인 행위다. 그동안 법적 근거가 없다는 이유로 독립지사의 비석조차 바로 세우는 일이 힘들었는데 2021년 공원관리권이 중랑구로 넘어온 후로 이 점은 개선되었다. 아래 세 건의 과업은 중랑구청이 수행했다.

사회주의계 독립운동가 김사국(1892~1926)과 박원희(1898~1928) 부부는 뒤늦게 독립지사 서훈을 받고 2012년 현충원으로 이장되었다. 김사국 모친 묘 옆에 며느리 박원희의 비석이 서 있었고, 비가 많이 온 날에는 묘 앞쪽에 묻힌 김사국의 비석이 가끔 드러나곤 했다. 2022년 봄에 바로 세웠는데 깨진 윗부분은 찾지 못했다. 비문의 '조선사회운동가 김사국지묘', 후면에 '사회운동단체연합장의위원회'라는 글을 통해 1920년대 그의 위상을 헤아릴 수 있다. 이처럼 고인에 대한 당대 사람들의 평가가 비석에 남아 있기에 비석은 소중하다.

함북 성진의 3·1운동을 이끈 애국지사 강학린 목사(1885~1941)는 2003년 현충원으로 이장되고 그 자리에 추념비가 서 있었다. 비석 옆면에는 후손의 이름이 새겨져 있는데 손자 용설의 자식으로 의철, 수지(修智), 수철이 보인다. 수지는 가수 강수지를 말한다. 즉 강학린은 강수지의 증조부다. 2021년 전수조사 시 가보니 앞으로 쓰러져 있었다. 2022년 봄에 바로 세웠다.

애국지사 조종완(1890~1947)은 도산과 같은 평남 강서군 출신으로 신간회, 흥사단원으로 활동하고 수양동우회 사건으로 옥고를 치렀으며 해방 후 조만식의 조선민주당에 참가한 조만식의 측근이었다. 1995년 현충원으로 이장되고 비석은 땅에 묻힌 상태였다.

2022년 가을 구리시 류제훈 씨가 삽으로 묘터 사방을 찔러가며 비석을 찾아냈다. 조만간 중랑구청이 복원할 예정이다.

8. 망우리를 찾아온
    선배들

망우리공원은 숲이 없어 황량하기 그지없었던 공동묘지 시절에도 많은 문화인이 찾아왔던 인문학공원이었다.

명동백작이라고 불린 소설가 이봉구는 후배 박인환 시인의 묘를 자주 찾으며 단편 〈선소리〉를 남겼다. 고인의 설움을 발과 소리로 달래주는 선소리꾼의 이야기다. 봉분의 흙을 발과 막대로 달구질하며 부르는 노래가 선소리다. 박인환의 묘에서 "이팔청춘 호시절에/ 너는 어이 홀로 갔노/ 워허엉 달고옹" 하며 발로 흙을 다져 주었다.

흥사단원으로 서울대 총장을 지낸 장리욱은 60년대 후반, 망우리 도산 묘를 이전해야 한다는 많은 이들의 주장에 대해 이렇게 말했다. "명당은 결국 사람의 마음의 문제요, 지리적 문제는 아니다. 지금의 망우리도 명당이 될 수도 있다. 명당은 찾아지는 것이 아니라 만들어내는 것이다."(『도산의 인격과 생애』)

언론학회장을 지낸 최정호 선생은, 파리에서는 시인 하이네의 무덤을 쉽게 찾을 수 있게 해 놓았는데, 외국의 누가 망우리 이중섭의 묘를 어떻게 찾을 수 있겠느냐고 한탄했다(1982.08.31. 조선일보 〈지도와 지명과 역사교육〉). 망우리 이중섭 묘를 찾아가는 이정표는 2016년에야 처음 세워졌다. 어떻게 그럴 수 있었는지 지금은 이해되지 않는 문화 후진국의 모습이었다.

법정 스님의 수필집 『무소유』에 「종점에서 조명을」이라는 글이 있다. 자신의 인생을 처음부터 다시 시작해 보았으면 하는 어떤 사람을 데리고 법정은 망우리로 가서 그의 삶을 죽음 쪽에서 조명해 주는 내용이다. 단조로운 일상의 반복 속에서 심화(자기성찰)의 계기를 묘지에서 찾을 수 있다고 법정은 말했다.

유홍준 교수는 오래전부터 학생들을 데리고 자주 망우리공원을 찾았다. 문화재청장 재직 시절인 2006년 3월 문화재위원들과 함께 찾아와 공원 전체를 문화재로 등록하자는 의욕까지 표명했다. 일면식도 없는 나의 졸저 『그와 나 사이를 걷다』(2009)에 추천사를 써 주었는데 "세계 어느 나라에도 이처럼 산과 숲과 산책길이 어우러진 공동묘지는 없다"라고 했다.

초판 책의 후기를 써 준 전 서울대 교수이자 풍수학자 최창조 선생은 경기고 다닐 때부터 망우리묘지를 자주 찾았는데 어머니 젖무덤처럼 푸근함을 느꼈다고 한다.

승효상 건축가는 서울시 총괄건축가 시절인 2014년, 직접 망우리 사잇길 용역의 중간보고를 받았을 정도로 관심이 많다. 그는 수필 「죽음의 형식」에서, 망우리묘지를 "가장 아름다운 죽은 자의 도시"로 만들어 죽음이 늘 우리 속에 있어 우리의 삶이 오히려 아름다워지면, 우리의 도시도 천박한 욕망에서 벗어나 모여 사는 경건함을 회복할 수 있다고 말했다.

서울시립대 정재정 명예교수는 『서울근현대역사기행』(1998)에서 역사 기행의 장소로 묘역을 새롭게 추가해 망우리도 소개했고, KBS 진품명품의 김영복 서예가는 직접 자신이 90년대에 잡지에 쓴 망우리 글을 내게 보여주었다.

또한, 오빠 김상용 시인을 찾아 〈망우리〉 시조를 남긴 김오남을 비롯하여 많은 시인이 망우리를 찾았다. 그중에서 나는 나종영의 〈망우리에서〉, 강승남의 〈망우리〉, 권달웅의 〈망우리 길〉이라는 시를 뽑아 책의 초판본에 실었다.

조선 초부터 근현대에 이르는 600년 동안 '망우리'는 문화사에서도 중요한 키워드가 되었다. 망우리가 주제가 되거나 배경이 된 모든 글을 찾아내서 책으로 펴내는 것도 지역학 연구의 중요한 과제다.

선배들의 발길이 만든 길을 나는 따라갔다. 그리고 좀 더 나아가, 길 없는 길까지 돌아다녔다. 전체적으로 정리하고 의미를 밝히는 일은 반드시 누군가는 해야 할 일이었다. 이제는 지자체 중랑구가 망우리공원과까지 만들어 공원을 돌보고 가꾸고 있으니 참으로 격세지감이 아닐 수 없다.

죽노라 애들썼오 울멍줄멍 저무덤아
한많든 그심경을 뉘맡기고 갔단말요
찾아도 자최없으니 허공만이 남구려

-김오남, 〈망우리〉 제2연

9. 망우리에서 만난 서립규 선생

망우리에 오랫동안 천착하다 보니 나처럼 망우리를 좋아하는, 즉 마음의 결이 비슷한 친구가 많이 생겼다. 답사를 하면서 망우리를 좋아하는 사람은 교양으로는 국민의 1%에 속한다는, 근거 없는 자부심의 말도 감히 언급할 정도로 훌륭한 분을 많이 만났다.

2008년 《신동아》에 〈망우리 별곡〉을 연재할 때 전화해 준 서립규(徐立圭 1938~2015) 선생도 그중 한 분이었다.

아차산 워커힐 아파트에 거주하며 휴일에 망우리까지 자주 산책하면서 나와 같은 생각을 했는데, 내 글을 발견하고 기뻤다며 크게 격려해 주었다. 책도 수십 권을 사서 지인들에게 나눠 주었다.

망우리공원에서 처음 만난 날, 아드님이 운전하는 검정 벤츠를 타고 왔다. 알고 보니 우림콘트리트공업(주)의 회장이었다. 우람한 체격에 각진 얼굴은 옛날의 장수를 연상케 하는데, 지인들은 그를 문무를 갖춘 다정다감, 다재다능한 인물로 증언하고 있다.

1950년에 6월 5일 경기중학에 입학했으나 곧바로 6·25 전쟁이 터져 피난 학교에서 공부하며 1956년에 52회로 졸업했다. 동기생들은 고생이 약이 되어서인지 크게 성공한 인물이 많다. 재계에 김우중(대우), 조양래(효성), 박용오(두산), 이준용(대림)이, 정관계에 고건, 이종찬이, 문화계에 김동호(문화부 차관, 부산영화제), 신구(배우) 등이 있다. 훗날, 마당발 서립규 선생은 선후배들을 일일이 찾아다니며 경기고 동창회 결성에 큰 역할을 했고 1998년 경기고 100주년 기념사업추진회 위원장도 맡았다.

경기고 시절부터 핸드볼팀 주장을 지낸 그는 1957

년 서울공대 토목과에 들어가자마자 핸드볼팀을 창설하여 4년간 주장을 맡아 59년 전국체전에서 준우승까지 했다. 그리고 서울공대신문의 초대 주간을 맡았고 3학년 때 학생위원장(회장)에 당선되었다.

졸업 후 병역을 마치고 대한핸드볼협회의 기술위원 및 심판으로 활동하고 1964년부터 이사, 전무를 거쳐 81년부터 부회장을 지냈다. 협회의 실질적인 운영을 도맡아 한국 핸드볼이 세계 정상에 오르는 데 크게 이바지했다. 93년 5월 회장직무대행직을 마지막으로 협회를 떠난 후에도 시합 때마다 경기장을 찾으며 뒤에서 물심양면의 지원을 아끼지 않았고 1989년부터 2001년까지 대한체육회 이사를 맡아 올림픽의 본부임원으로도 참가했다.

또한, 그는 경기고와 서울공대의 OB 산악회를 이끌고 한국산악회 부회장을 지낸 산악인이었다. 등산에 관한 다수의 글을 기고했는데 특히 산악계의 산증인으로서 소중한 기록을 많이 남겼다. 한국산악회 초창기 선배들이 해방 후 독도와 이어도를 조사하여 정부가 우리 영토로 선언하는 데 크게 공헌했는데 이런 역사도 세상에 알렸다.

1971년 우림콘크리트공업을 설립하여 견실한 중견기업으로 키웠다. 모범 납세자 표창도 여러 차례 받았다. 그야말로 지덕체를 갖춘 사업가였다. 지금도 동사는 지역사회에 많은 공헌을 하고 있다.

한편 한국산악회의 초대 회장이요 민속학의 선구자인 송석하 선생의 묘터를 나에게 알려 주었고 자비를 들여 올라가는 길을 정비했다. 송석하 선생의 묘터에서는 불수도북(불암산, 수락산, 도봉산, 북한산)의 연봉이 보인다. 산악인의 고향이라고 할 수 있는 산들이다.

묘터에 비석이 남아 있으나 이름만 새겨진 간단한 비석이라, 조만간 산악계의 중지를 모아 송석하 선생의 위업을 알리는 기념비를 건립하고자 했으나 안타깝게도 2015년 8월 27일 별세했다. 나로서는 2014년 추석 연휴 때 조선호텔 커피숍에서의 만남이 마지막이었다. 서립규 선생의 유지를 이어 언젠가 뜻있는 분들과 함께 망우리에 송석하 선생의 기념비를 건립할 생각이다.

처음 이 글을 쓸 때(2021.10) 놀라운 사실을 하나 발견했다. 선생은 작고 3일 전까지, 후대의 연구가를 위해 자신이 평생 쓴 글과 관련 자료를 자신의 블로그(Daum'서립규'로 검색)에 올려놓았다. 지금은 보이지 않는다. 우리 사회를 이끈 경기고와 서울공대 인맥, 핸드볼과 산악계의 일화가 가득했다. 마지막까지 참으로 숭고한 일생이었다.

10. 박인환 시인의 아들, 박세형 시인

묘는 부동산이 아니라 동산이다. 대부분 한번 들어선 묘는 웬만하면 이장하지 않지만, 유명 인사의 묘는 큰 문화적 가치를 갖고 있기에 최근 관련 지자체는 호시탐탐 이장을 시도하고 있다. 작곡가 채동선은 2012년에 고향 보성군으로 이장되었고, 한용운은 홍성군에서, 조봉암은 인천(강화)에서 이장을 시도하려는 뉴스가 간간이 보인다. 물론 유족의 의사가 최우선이므로 쉽사리 이루어지는 건 아니다.

    십여 년 전 박인환 시인의 묘가 고향 인제군으로 이장될 계획이라는 정보를 접했다. 나는 깜짝 놀랐다.

사실 내가 망우리공원에 처음 이끌린 계기는 박인환 시인 때문이었다. 비석에는 노래로도 유명한 그의 시 〈세월이 가면〉의 한 구절 "지금 그 사람 이름은 잊었지만 그 눈동자 입술은 내 가슴에 있네"라는 글이 여전히 진한 감동을 전해 주지 않았던가.

내 청소년기에 큰 영향을 미쳤고 지금도 교과서에서 학생들이 배우는 50년대의 대표 시인 박인환의 묘가 이장된다면 망우리의 문화적 가치는 크게 줄어들 것이었다. 놀란 마음에 서둘러 장남 박세형 씨에게 연락해 인사동의 한 식당에서 만났다.

"선생님, 고향도 좋지만, '말은 제주로 사람은 서울로'라는 말도 있듯, 사람은 출세를 위해 서울로 가지만, 죽어서도 서울에 남아야 합니다. 만약 시골 어디에 처박히게 된다면, 그곳까지 찾아갈 사람이 얼마나 되겠습니까. 여기 망우리에 있어야 많은 사람이 찾아와 계속 부친의 시를 부친의 존재를 되새기지 않을까요 …"

박세형 씨는 내 말에 묵묵히 고개를 끄덕였다. 그리고 나와 나이 차가 많이 나는데도 불구하고, 시인이

기도 한 그는 여러모로 나와 마음이 잘 통했다. 식사 후, 광화문의 단골 카페로 자리를 옮겨 술을 마시며 그는 하모니카를 불고 나는 노래를 불렀다. 의기투합이란 이런 걸 말하는 건가. 그날부터 박세형 씨와는 의형제의 연을 맺었고, 묘의 관리는 내가 위원장으로 있는 한국내셔널트러스트 망우리위원회가 맡기로 했다.

이후로 종종 광화문의 카페에서 술잔을 나누며 친하게 지내다가 2020년 가을 인제문화재단 주최 "내 아버지, 박인환 시인"이라는 문학강연에 나는 박세형 씨의 대담자로서 참여했다. 그동안 많은 말을 들었기에 대담회는 무난히 진행되었다. 이 프로그램은 2022년 가을의 박인환문학제 때 다시 열렸다.

인제군도 망우리의 묘가 오히려 박인환 시인을 전국적으로 알리는 데 큰 도움이 된다는 판단에서 중랑구(중랑문화재단)와의 제휴 쪽으로 방향을 틀었다. 중랑구 또한 "죽음의 장소에서 출생의 장소"로 거슬러 가는 새로운 형식의 문화프로그램이 가능할 것이다. 이렇게 망우리의 유명 인사는 관련 지자체와 상생의 협력을 통해 문화적으로 새롭게 탄생할 수 있는 가능성이 얼마든지 열려 있다.

박세형 시인은 1948년생으로 경복중, 중동고를 거쳐 연세대 국문과를 졸업했다. 중학 동창이 고 조양호 한진 회장, 고교 동창이 유홍준 교수다. 부친을 일찍 여읜 것이 문학 때문이었다는 생각에 집안의 장남으로서 오랜 세월 문학을 외면하고 살았다. 국문과도 원해서 간 게 아니라 정외과에 떨어져서 들어갔다. 그러나 부친에게 물려받은 예술의 피는 어쩔 수 없었다. 바리톤의 목소리로 학교의 합창단과 교회 성가대에서 노래를 불렀고, 1976년 부친의 시를 정리하여 『목마와 숙녀』(근역서재)를 출간했다. 회사원 시절에는 광화문의 단골 카페에서 술과 음악을 즐기고 때때로 즉흥적으로 쏟아지는 시를 종잇조각에 긁었다.

그렇게 쌓인 시를 모아 중년의 나이에 시집 『바람이 이렇게 다정하면』(1991)을 출간했다. 하지만 그는 시를 계속 발표할 여유도 문단에서 활동할 시간도 없었디. 문단에서 유명해지기 위해서는 시 자체도 중요하지만 소위 문단에서의 인맥 구축도 필요하다. 그러나 그는 중외제약을 거쳐 현대그룹에 들어가 아산재단에서 일하고 현대건설로 옮겨 중동의 사막에서 비즈니스 매니저로 일했다. 한편 박세형 시인은 영문과 출신으로 오해할 만큼 영어 실력이 뛰어나다. 은퇴 후에는 인제군을 오가며 부친의 기념사업에 힘쓰고 있다.

내가 보기에 그는 즉흥시인 쪽에 가깝다. 지금도 광화문 술집에서 영감을 받으면 펜과 종이를 꺼내 시를 쓴다. 나는 시집의 출간을 계속 권하고 있다. 그런데 우리가 광화문 카페에서 만나서 주로 나누는 말은 무엇일까? 바로 그의 시 〈우리들 마음을 얘기하자〉에 나온 다음의 구절이 적당한 대답이 될 것 같다.

우리가 어떻게 사는 것이
행복한 것이라고 얘기하지 말자.
다만 지금 우리들 마음은
왜 이렇게 움찍거리고 있는가를
얘기해 보자.

11.　　　　박인환 시인이 받은 편지

2020년 4월 4일, 박인환 시인의 묘역을 찾았다. 묘 앞 화병의 꽃 틈 사이에 사각의 편지봉투가 하나 꽂혀 있었다. 누가 놓고 간 것일까? 갈색 겉봉투에는 이렇게 쓰여 있다.

> 내 사랑아 너는 찬 기후에서 긴 행로를 시작했다. 그러므로 폭풍우도 서슴지 않고 참혹마저 무섭지 않다. 2020년 3월 20일(기일). 64년 전으로 보내는 동경과 애정

본문은 박인환의 시 〈사랑의 Parabola(포물선)〉의 한 구절이다. 그리고 속지를 보니 이런 구절이 쓰여 있다.

차마 말로 전하지 못한 마음을 동봉합니다. 박인환 선생님, 박형. 당신의 시는 여전히 저를 위로하고 살게 만듭니다.

'박형'이라고 쓴 것으로 보아, 학생 때 박인환을 좋아했던 노년의 여성 시인 같은 분이 아닐까 생각했다. 이슬비를 맞아 편지는 살짝 젖어 있고 글자도 번지고 있었다. 발신자의 마음을 고이 간직하고 싶은 마음에 편지를 들고 내려왔다.

며칠 후에 블로그에 편지의 사진을 올리고 이렇게 썼다. "박인환 시인 묘에 갔더니 화병에 편지가 하나 꽂혀 있었다. 나는 그분에게 마음의 손을 내민다. 묘와 비석, 즉 기억의 매개체가 여기에 존재하기에 세월이 흘러가도 우리는 그를 찾아 말을 나눌 수 있다. 망우리의 스토리는 당대에 그친 것이 아니라 지금도 또 이런 식

으로도 계속 쌓여 간다."

2020년 10월 31일, 박인환 시인의 장남인 박세형 선생과 나는 인제군문화재단 주최로 10월 31일 박인환문학관 앞에서 "내 아버지, 박인환 시인"이라는 타이틀로 대담 형식의 문학강연을 했다. 박세형 선생은 하모니카를 부르며 좌중의 흥을 돋우고, 알려지지 않았던 일화도 소개하며 행사를 무난히 마쳤다.

코로나로 인해 많은 청중은 모이지 못했지만, 우연히 박인환문학관을 찾아온 분이 대담회에 참여할 수 있어 운이 참으로 좋았다는 소리도 들었고, 박세형 선생은 자신의 시집 한 권을 청중 가운데 가장 어린 99년생 여성에게 선사했다. 박인환 시인에게서 아들 박세형으로, 그리고 오늘은 박세형 시인에게서 다시 미래세대로 전한다는 의미를 담아 최연소자를 골랐다. 시집을 받은 참가자는 연극을 공부하는 학생이라고 했다.

2021년 3월 3일, 사무실로 출근하여 컴퓨터를 켰다. 블로그의 알림 메시지에 누군가 글을 남겨 두었기에 들어가 보았다. 작년 박인환 묘에서 가져와 소개한

편지 내용의 글에 대한 누군가의 댓글이었다.

안녕하세요. 편지의 발신인이자, 박인환문학관 주최 문학 특강에서 박세형 시인님의 시집을 받았던 그 99년생 학생입니다. 같은 인물일 줄은 모르셨을 테죠. 저도 매년 기일에 묘소에 가면서, 유일하게 둔 편지이기에 이 편지가 누군가에게 수신될 거라곤 생각지도 못했습니다. 8월경에 찾아갔을 때 보이지 않아 당연히 어딘가로 떠났겠거니 했는데 이리 보관되어 있었네요. 썼던 수많은 편지 중 하나를 두고 왔는데 이리 발견되니 감회가 새롭습니다. 잘 가지고 있어 주세요, 그리고 언제가 박인환 선생님께 전달해 주세요. 해경.

2021년 3월 20일, 인제군문화재단과 중랑문화재단은 함께 망우리 묘소에서 추도식을 올렸다. 코로나로 인해 소수만 참여했지만, 박세형 선생의 기억으로는 이렇게 많은 사람이 모인 것은 처음이라고 했다. 99년생

해경도 참가했다.

해경은 시인 이상을 좋아한다. 그래서 자신의 이름도 이상의 본명 해경으로 개명했다. 그러다가 이상을 좋아한 박인환 시인을 알게 되었고 그의 시에서 삶의 힘도 얻었다고 한다. 뮤지컬 〈명동로망스〉를 몇 번이나 봤고, 인제에서의 대담회 소식을 알고 일부러 서울에서 인제군까지 찾아갔다는 것이다. 학교에서 연출을 공부했고 앞으로 박인환, 김수영 등 근대인물을 다룬 작품을 무대에 올릴 꿈을 갖고 있다.

사람들은 나이를 떠나 마음의 결이 비슷하기에 친구가 된다. 고인을 존경하는 사람들은 제각기 묘를 찾아오고, 그리고 때로는 묘에서 서로 만난다. 망우리 유명 인사의 묘는 그러한 만남을 맺어주는 소중한 매개체이다.

12.　　　백 년 만에 찾은
　　　　　유관순 열사의 묘

서대문역사공원에는 유관순 열사의 동상이 서 있다. 2021년 12월 28일 유관순열사기념사업회(이사장 류정우)가 세운 것이다. 동상의 기단 우측면의 글을 읽어보니 마지막 부분에 "현재 망우리공원에 합장되어 있다"라고 적혀 있다. 이제는 동상을 찾은 추모객의 발길이 망우리까지 이어지게 되었다. 여기까지 이르게 된 사연을 소개한다.

1937년 6월 9일 동아일보에 따르면, 일제는 이태원을 주택지를 만들기 위해 1935년부터 이장을 추진하여 1936년 4월 8일까지 미아리와 망우리로 이장

완료했다. 유연고 묘는 4,778기에 불과하고 나머지 28,000여 기는 무연고 묘로 판명되어 경성부 위생과에서는 그 전부를 망우리 공동묘지에 화장 및 합장했는데, 그 불쌍한 혼을 위로하는 의미에서 9일 오후 2시부터 망우리 공동묘지에서 위령제를 거행한다고 전했다.

합장묘 앞에 서 있는 비석이 '이태원묘지무연분묘합장비'이다. 뒷면에 '소화 11년(1936년) 12월 경성부'라고 새겨져 있다. 내가 2009년 책을 처음 내고 현장 답사를 안내할 때, 시간 관계상 이곳은 대개 그냥 지나쳤다. 단지 망우리묘지 역사의 하나라는 사실 외로는 특별한 스토리가 없었다. 그러던 어느 날, 경향신문 조운찬 기자에게 힌트를 얻어 합장묘와 유관순 열사의 관련성을 조사하게 되었고, 의미 있다고 생각하여 2015년 개정판에 그 내용을 처음 소개했다.

> 유관순 열사는 … 일제의 삼엄한 경비 속에 이태원 공동묘지에 매장되었으나 묘비나 표석도 없이 지내

다가 이태원 공동묘지가 망우리로 이장되면서 찾지 못했다. 1990년 기념사업회는 시신 대신 청동지석을 봉안한 초혼묘를 충남 천원군 병천면 유 열사 사당 앞('뒤'의 오기)에 만들었다. 그렇다면, 이 무연분묘 합장묘에 유관순 열사의 뼛가루가 섞여 있을 가능성이 있지 않을까. 그래서 이 합장비(묘)는 유관순 열사를 가장 가깝게 추모할 수 있는 상징물이 될 수 있다고 생각한다.

인터넷의 힘이 작용했을까. 3년이 지난 2018년 6월 6일 조선일보 박종인 기자의 〈땅의 역사〉에서 "유관순의 혼은 어디에 쉬고 있을까"라는 전면 기사에 이 내용이 다루어졌다. 기사를 본 유관순기념사업회 관계자들이 망우리에 찾아와 합장묘 앞에서 "이제 찾아와 죄송합니다. 앞으로 잘 모시겠습니다"라고 말하며 고개를 숙였다.

곧이어 9월 7일 기념사업회는 이화여고, 3·1여성동지회 등 관련 단체와 함께 '유관순열사분묘합장표지비'를 합장묘 옆에 세웠다. 표지비 뒷면에는 "망우리 공동묘지로 이장될 때 유 열사 묘를 포함한 연고자가 없는 28,000여 분묘를 화장하여 합장하고 위령비를 세웠다. 오늘 이곳에 3·1독립운동의 상징인 민족의 딸 유관순 열사 분묘합장표지비를 세운다"라고 새겼다.

예전에는 망우리의 합장묘 존재가 알려지지 않아 이태원묘지가 있었던 용산구 부군당에서 추도식이 열렸다. 2020년 열사의 순국 100주년에 맞춰 중랑구는 묘역을 정비하고 유관순열사기념사업회와 함께 추도식을 열었다. 순국 후 꼭 백 년 만에 열사의 안식처를 찾은 셈이다. 이후 해마다 순국일 9월 28일 오후 3시에 망우리에서 추도식이 열리고 있다.

그리고 합장묘에는 유관순 열사뿐 아니라 3·1운동 때 만세를 부르며 따라갔던 많은 무명의 서민도 함께 계실 것이니 오히려 추모의 의미는 더욱 깊다고 할 수 있다. 또한, 함께 서울의 3·1운동에 이화 5인의 결사대로 참여한 동기 김분옥도 뒤편 언덕에 있으며, 맞은편 언덕에는 '삼월 하늘 가만히 우러러보며'로 시작되는

〈유관순〉의 노랫말을 지은 아동문학가 강소천의 묘가 있다. 아무래도 망우역사문화공원 내 열사의 안식처는 우연이 아니라 필연인 것 같다. 이제는 잘 모시는 일만 남았다.

13. 망우리 체험으로 명문대 합격하다

학원 광고 같은 제목을 붙여 부끄럽다. 아동과 청소년에게 참으로 유익한 망우리공원을 알리고자 하는 호객성 멘트를 붙여 보았다.

맹모삼천(孟母三遷)이라는 말이 있다. 묘지 옆에 사니 아들이 곡소리만 흉내 내고, 시장 옆에 가니 장사치의 호객 소리만 따라 하기에, 학교 옆으로 이사 가자 마침내 아들이 공부를 하게 되었다는 이야기로 전해온다.

그러나 나는 맹자의 어머니가 매우 현명한 사람이었다고 생각한다. 이렇게 해석해 볼 수 있다. 즉 맹자 어머니는 자식에게 묘지에서 죽음이 무엇인지, 시장에서는 삶이 어떠한 것인지 깨닫게 한 후, 마지막으로 책을 잡게 했으니, 아들은 책이 쏙쏙 머리에 들어와 위대한 사상가가 된 것이 아닐까.

시장의 시(市)가 사람들이 모여 사는 도시를 뜻하게 되었듯, 장터는 현실적인 삶의 대표적인 현장이다. 그러나 욕망을 추구하는 삶의 현장에서 잃어버리기 쉬운 것이 사랑, 도의, 정의 등 인문학이 추구하는 가치다. 이 부분을 교육이 담당하는데, 지금 우리의 공교육은 이 점에서 충실한지 의문이 간다. 제도 밖에서 독서나 예술, 종교도 좋은 방법이지만, 학생의 현장체험으로는 망우리보다 좋은 장소가 없다. 이상적인 인간의 가치를 삶에서 실천한 위인들이 비문을 통해 우리에게 화두를 전해 주고, 죽음의 모습을 통해 우리는 삶의 소중함을 배운다.

이러한 청소년교육을 망우리에서 직접 실천해 온 지인으로 정종배 시인을 들 수 있다. 정 시인은 이십여 년 전 장안중 재직 시부터 망우리를 자주 찾았다. 소설가 최학송의 묘가 후손이 없어 관리되지 못하는 것을 보고 자비를 들여 묘지를 관리하기 시작했고 후에 아예 묘지관리인으로 이름을 올렸다. 내가 2008년에 《신동아》에 '망우리별곡'을 연재하면서 그 사연을 소개했다. 그런데 정 시인 부인의 친구가 그 글을 보고 부인에게 알려줬다. 원고료 같은 돈을 모아 아내 몰래 했던 일이 들통났지만, 선행인지라 부인은 웃으며 넘길 수밖에···.

정 시인은 국어 교사로 재직하는 학교에 매번 망우리 동아리를 만들어 학생들을 데리고 망우리를 찾았다. 망우리 체험활동을 기록하게 하여 좋은 대학에 많이 진학시켰다. 강남의 학교에 있을 때는 오히려 학부모들이 더욱 적극적이었다. 마지막 학교인 신현고 재직 시에도, 망우리 체험을 활용하여 수시전형으로 서울대에 한 학생을 입학시켰고 다른 학생들도 수능 실력보다 한두 단계 높은 대학에 진학시켰다.

그런가 하면, 어떤 학생이 공부를 하지 않고 방황하는 것을 보고 정 시인은 그 학생을 망우리에 데려갔다. 공부하라는 말도 하지 않고 그저 묵묵히 망우리 산책길을 함께 걸었고 다음 기회에 또 한 번 데리고 갔다.

얼마 후에 그 학생은 이렇게 말했다.

"선생님, 선생님을 따라 망우리에 몇 번 갔더니 무언가 마음속에 느껴지는 게 있는 것 같습니다. 그게 확실히 뭔지 잘 모르겠지만, 저, 다시 공부를 시작하겠습니다."

그 학생은 명문대에 합격했고 지금은 훌륭한 사회인으로 활동하고 있다고 한다.

대학에 진학하고자 하는 이기심으로 망우리 체험을 시작했다고 하더라도, 이런 식으로 망우리를 자주 찾는 과정에서 어느새 그 학생은 깨달음을 얻어 스스로 공부를 하게 된다. 스스로 하는 공부가 얼마나 큰 발전의 원동력인지 우리는 잘 알고 있다.

망우리를 잘 활용한다면 명문대는 물론이고 미국 대학에도 입학할 수 있다. 망우리는 다른 곳에는 없는 이 지역만의 차별화된 독창적인 장소이기 때문에 이곳에서의 체험활동은 차별성과 진정성을 갖는다. 면접관의 눈에는 흔한 고아원이나 양로원 봉사가 아닌 '망우리?'에 눈이 확 뜨이기 마련이다.

명문대에 입학하지 못해도 망우리를 통해 남을 이롭게 하는 홍익인간으로 성장할 수 있다면, 그것으로 충분하지 않을까.

14. 영원한 기억 봉사단

2018년 4월 12일 조선일보에 나는 〈망우리공원 문화유산 보존 대책 마련해야〉라는 글을 실었다.

안창호, 나운규, 김영랑, 김동명, 임방울, 송진우 묘소도 원래 망우리에 있다가 다른 곳으로 옮겨졌다. 옛날에는 어쩔 수 없었다고 치더라도, 최근 역사문화공원으로 발돋움하고 있음에도 보전 정책 부재로 인해 작곡가 채동선(1901~1953)과 건축가 박길룡(1898~1943)의 묘소가 2012년경 이장되었고, 도산 안창호의 조카사위 김봉성의 묘소는 관리의 어려움으로 2016년 서울현충원 납골당으로 옮겨졌다. 또한, 소파 방정환의 후배 최신복의 묘소는 벌초하는 사람도 없고, 소설가 최학송의 묘소는 한 문인이 사비를 들여 관리하고 있다는 사실을 적시하며 망우리공원에 대한 역사·문화적 접근을 통해 주요 인사의 묘소를 국가나 지자체가 관리하는 등 체계적 보존 대책 마련이 시급하다는 것이 글의 요지였다.

이후, 중랑구와 조례를 개정하는 데 시간이 걸리니 우선 지역민이 나서서 자원봉사 형태로 묘지를 가꾸는 체제를 만들기로 논의했으나 곧 지방선거가 다가오며 진행되지 못했다.

새로운 구청장이 취임하면서 망우리공원 사업은 더욱 탄력을 받았다. 공원의 시설관리권을 서울시로부터 위임받는 정책적인 면을 제외하더라도, 유관순 열사가 계시는 이태원무연문묘합장묘역과 13도창의군탑의 정비 등 망우리공원 현장에는 많은 변화가 있었다.

그 최초의 중요한 변화가 2019년 2월 망우리공원 자원봉사단의 창설이 아닐까 생각한다. 유명 인사 묘역의 청소와 헌화 등 기본적 관리를 지역민이 주인의식을 갖고 봉사하는 것이다. 소중한 근대사 기억의 현장을 영원히 보존하자는 의미에서 '영원한 기억 봉사단'이라 명명했다. 물론 실행 과정에서 자원봉사가 잘 이루어지는 곳도 있고 그렇지 않은 곳도 있다. 시작이 중요하니 과정은 보완하면 된다.

2021년 6월 25일, 새로 구성된 자원봉사단과 함께 망우리공원을 산책했다. 나로서도 자원봉사 분들에게서 풍기는 선한 기운이 느껴지는 즐거운 시간이었다. 대한민국이 더 좋아졌다는 분, 여기 사는 게 자랑스럽다는 분도 있었다. 답사를 마치고 마지막으로 감사의 마음을 담아 아래의 글을 읽어드렸다.

기억봉사단에 부치는 글
- 당신이 지난주에 한 일을 그는 알고 있다

사람은 어디를 가도 반드시 흔적을 남깁니다. 당신이 숲속을 헤치고 갔다면 그 뒤로 누가 당신이 남긴 흔적을 더듬으며 따라옵니다. 그래서 길이 생기는 것입니다. 하물며 당신이 자주 찾아 머물다 가는 자리에는 더욱 많은 증거가 남기 마련입니다.

그는 지난주에 망우리공원을 찾아와 지도를 보며 존경하는 고인의 묘를 찾았습니다. 전체적으로 묘는 왠지 정결한 분위기가 느껴졌습니다. 고인의 삶을 되새기는 그의 가슴에는 감동의 물결이 밀려옵니다.

찬찬히 묘역을 둘러보았습니다. 화병의 조화는 마치 바로 몇 시간 전에 누가 새것으로 바꾼 듯 깨끗하고 옆에는 생화도 한 송이 놓여 있습니다. 비석은 거미줄이나 먼지도 하나 없이 깔끔한 모습으로 그의 눈길을 맞이합니다. 그 누구의 정성 어린 손길을 알게 된 그의 가슴에는 감동의 물결이 다시 밀려옵니다.

고인뿐 아니라 고인을 가꾸는 당신의 마음도 가슴에 품고 그는 집으로 돌아갔습니다. 당신의 마음은 그를 통해 다시 많은 지인에게 전해졌습니다. 작은 정성이 사람과 사람 사이로 전해지면서 세상은 아름답

게 바뀌어 갑니다. 당신이 한 일이 그에게 감동을 주었다는 사실을 당신은 잘 모를 겁니다. 그는 당신이 지난주에 한 일을 내게 말하며 정말로 고맙다는 말을 꼭 전해달라고 했습니다.

닫는 말

망우리에서 시(詩)와 시(時)를 읽다

망우역사문화공원에서는 당대를 살다 간 대표적 시인의 시뿐만 아니라 서민의 애끓는 마음이 담긴 시를 곳곳에서 만날 수 있다. 시는 축약과 상징으로 뜻을 드러낸다. 시인 박인환의 묘비에는 가수 박인희의 노래로도 유명한 시 〈세월이 가면〉의 한 구절이 새겨져 있다. 이 구절은 본서에 쓴 많은 글의 요약이기도 하다.

지금 그 사람 이름은 잊었지만
그 눈동자 입술은 내 가슴에 있네

고인의 별세 후 유족과 친구들은 그해 추석날에 고인을 기리기에 가장 어울리는 글을 골라 비석에 새겨 넣었을 것이다. 묘지에 어울리는 글이다. 지금 박인환 시인은 떠나갔지만, 그가 남긴 시와 노래는 우리 가슴에 남아 있다.

1998년에 세워진 묘 입구의 연보비에는 그의 대표작 〈목마와 숙녀〉의 한 구절이 새겨져 있다.

> 인생은 외롭지도 않고
> 거저 잡지의 표지처럼 통속하거늘
> 한탄할 그 무엇이 무서워서 우리는 떠나는 것일까

하지만 그는 시에서의 의지와는 달리 통속하게 살지도 못하고 이곳 망우리로 떠나왔다. '목마'는 고인의 무덤에 함께 묻힌 부장품이다. 목마는 고인을 태우고 방울 소리를 철렁거리며 하늘로 떠나갔다.

한편, 시인 김상용의 비석 뒷면에는 〈향수〉가 적혀 있다.

> 인적 끊긴 산속
> 돌을 베고

하늘을 보오

구름이 가고

있지도 않은 고향이 그립소

이 시처럼, 그는 인적 없는 망우리 산속에서 돌을 베고 하늘을 보고 있다. "왜 사냐건 웃지요"라는 구절로 유명한 그의 대표작 〈남으로 창을 내겠소〉의 제목 그대로의 모습으로 묘는 동남쪽을 향하고 있다.

하늘에는 구름이 가고, 있지도 않은 고향이 그립다고 말한다. '있지도 않은 고향'은 무슨 말인가. 정지용의 시 〈고향〉에서도 "고향에 고향에 돌아와도 그리던 고향은 아니러뇨"라고 했듯, 고향은 일제에 빼앗긴 조국이라는 의미를 품고 있을 것이다.

가요 〈낙엽 따라 가버린 사랑〉으로 유명한 차중락의 커다란 비석은 꼭 고인의 풍모를 연상케 한다. 앞면에 조병화 시인이 지은 추모시 〈낙엽의 뜻〉이 맏형 차중경의 글씨로 새겨져 있다.

세월은 흘러서 사라짐에 소리 없고

나뭇잎 때마다 떨어짐에 소리 없고

생각은 사람의 깊은 흔적 소리 없고

인간사 바뀌며 사라짐에 소리 없다

아, 이 세상 사는 자, 죽는 자, 그 풀밭

사람 가고 잎 지고 갈림에 소리 없다

독립지사 오기만의 묘는, 동생 오기영이 '오세형가대대지묘'라고 부친의 이름을 새겨서 합장묘로 미리 조성해 놓았으나, 남북분단으로 황해도에 살았던 다른 가족은 들어오지 못하고, 독신으로 사망한 형 오기만과 그의 부인만 모셔진 상태이다. 오기영은 부인에게 바치는 글을, 비석에 새기는 글이라는 의미로 '銘(새길 명)'이라 쓰고 3·4조의 평시조를 새겨놓았다.

세월이 얼마되랴 나도 가티 흙일 것을

그래도 정이로다 압세우기 이대섧어

무덤에 풀옷 입히며 눈물 다시 새로워라

계미년(1943년) 3월 22일 기영 합장

함세덕 묘로 내려가는 길 왼편에 나타난 어느 서민의 비석에는, 앞면에 '수려동산'이라고 새겨 있고 뒷면에 딸이 아버지에게 보내는 글이 새겨져 있다.

엄한 위엄 속에서 섬세한 애정으로
밥알 한 톨 아껴 남의 어려움 살피시다
싱그러운 젊음으로 여기 수려동산에 편히 잠드셨네
6월 어느 날 이른 귀향길에 오르심은
훗날 저희들 마중을 위한 등불의 준비 때문
아버지의 두 귀 잡고 뽀뽀하며 안녕을 빕니다

그리고 어느 자식은 어머니를 그리는 글을 비석에 남겼다.

저 태양이 만물을 살리움 아는 한
저 화려한 꽃들은 그 뿌리의 역사로

피어났음을 아는 한
우리 가문에 불멸의 공을 쌓으시고
여기에 누우신 어머니의 거룩한 모습을 길이길이 찬양하리라
1961년 4월 5일

비문의 '어머니'를 '망우리의 선구자들'로 바꿔서 다시 읽어봐도 좋을 것이다.

마지막으로 2023년 내가 지은 〈망우역사문화공원〉 노랫말을 올린다. 곡이 완성되면 필자의 인터넷 카페에 올려 소개할 예정이다.

망우산 아래 한강과 중랑천이 감아 돌며
까마득한 옛날부터 흘러온 역사의 중심

이제야 근심을 잊겠노라 잊을 망 근심 우
아침해의 나라와 운명을 함께한 망우리여

빼앗긴 들과 얼을 되찾으려는 선현들의
백 년 전 거룩한 역사까지 아로새겼다네

어제와 오늘의 사이에 놓인 망우리 사잇길
역사를 되새기며 빛나는 미래를 꿈꾸는 길

그 옛날의 이야기, 꽃으로 가득 핀 숲길에서
즐거이 근심을 잊는다 망우역사문화공원

경계를 넘나들고 경계를 허무는
망우리 사잇길에서

발행일 | 2023년 12월 15일 1판 1쇄

지은이 | 김영식
펴낸이 | 김일수
펴낸곳 | 파이돈

출판등록 | 제349-99-01330호
주소 | 03958 서울시 마포구 망원동 419-3 참존1차 501호
전자우편 | phaidonbook@gmail.com
전화 | 070-8983-7652
팩스 | 0504-053-5433
ISBN 979-11-981092-9-3 03910

ⓒ 김영식, 2023

• 책값은 뒤표지에 있습니다.